고려대학교 정부학연구소
방법론 프론티어시리즈 03

QGIS를 활용한 공간분석 입문

윤동근 · 구교준 외

KU PRESS
고려대학교
출판문화원

고려대학교 정부학연구소 방법론 프론티어시리즈 발간사

사회과학 연구에서 방법론의 중요성은 아무리 강조해도 지나치지 않다. 사회현상에 대한 연구가 불완전한 개념과 자료가 가지는 한계를 극복하고 과학이라는 화려한 옷을 입을 수 있도록 도와주는 것은 다름 아닌 방법론이기 때문이다. 그러나 이러한 중요성에도 불구하고 방법론이 한국의 사회과학계에서 그에 걸맞는 대우를 받아오지 못한 것도 사실이다. 고려대학교 정부학연구소의 방법론 연구센터는 이와 같은 배경에서 행정학, 정치학, 경제학, 경영학, 사회학, 심리학 등 다양한 사회과학 분야에서 광범위하게 사용되고 있는 최신 방법론을 연구하고 소개하기 위한 목적으로 2012년 설립되었다. 특히 본 연구센터는 설립 이후 전통적인 방법론 교과서에서 많이 다뤄지지 않고 있는 첨단 기법을 중심으로 각 분야의 최고 전문가들을 초빙하여 이를 소개하는 방법론 프론티어 세미나를 정기적으로 운영하고 있다. 지금까지 본 세미나를 통해 formal theory, ground theory, frame analysis, meta analysis, fuzzy set analysis, big data analysis, complex system theory, network theory, decision analysis 등 사회과학도라면 한번쯤 들어보았을 첨단 기법들이 교내외 연구자들과 대학원생들에게 소개되었다.

방법론 프론티어시리즈는 고려대학교 정부학연구소에서 방법론 연구센터를 통해 진행된 세미나 시리즈의 연장선상에서 기획되었다. 따라서 본 시리즈는 보다 많은 사회과학 분야 연구자들에게 첨단 방법론 기법을 접할 기회를 제공하고 나아가서 행정학을 비롯한 다양한 사회과학 분야의 발전에 기여함을 목적으로 하고 있다. 본 시리즈의 집필진들은 각 분야에서 가장 활발하게 활동하고 있는 최고 전문가들로 이루어졌으며, 이러한 노력을 통해 방법론 연구의 저변 확대에도 기여할 것으로 기대한다. 또한 본 시리즈를 통해 소개되는 방법론들은 대부분 기존 교과서에서는 다뤄지고 있지 않지만 첨단 연구 기법으로 사회과학 전 분야에서 광범위하게 활용되고 있는 것들이다. 본 시리즈의 기획 취지가 첨단 방법론의 소개와 저변 확대이다 보니 관련 연구자들과 대학원생들이 이러한 최신 기법들을 연구에 직접 적용할 수 있도록 이론뿐 아니라 사례를 통한 실제 활용에도 초점을 맞추어 내용을 구성하였다.

방법론 프론티어시리즈의 발간은 많은 분들의 도움과 수고 덕분에 가능하였다. 우선 고려대학교 출판부를 맡고 계신 유석훈 교수님은 첨단 방법론 기법의 시장이 그리 크지 않음에도 사회과학 방법론의 발전이라는 취지에 공감하여 흔쾌히 출간에 동의해 주셨다. 또한 출판부 편집실의 여러 분들이 원고의 편집 과정에서 많은 수고를 해 주셨고 앞으로도 수고해 주실 예정이다. 이분들의 도움이 없었다면 방법론 프론티어 시리즈는 아직 아이디어 단계에 머물러 있었을 것이다. 무엇보다 바쁜 일정에도 불구하고 본 시리즈의 발간에 적극적으로 참여해 주신 그리고 앞으로 참여해 주실 저자들께 특별히 감사의 마음을 전한다. 고려대학교 정부학 연구소와 방법론 프론티어 시리즈 집필에 참여한 저자들의 작은 노력이 행정학 분야뿐 아니라 사회과학 여러 분야에서 좀더 큰 결실로 이어지길 소망한다.

2014년 9월 30일
정부학연구소 소장 최진우

머리말

바야흐로 데이터의 시대이다. 주변을 둘러보면 수많은 기업과 공공기관에서 엄청난 규모의 데이터를 수집하여 축적하고 있다. 하지만 어렵게 수집된 데이터들이 제대로 활용되는지는 별개의 문제이다. '구슬이 서 말이라도 꿰어야 보배'라는 속담이 있듯이, 아무리 많은 데이터를 수집해서 쌓아 놓더라도 이를 다듬어서 쓸모있게 만들지 못하면 데이터 자체만으로는 별 다른 가치를 만들어내지 못한다. 하지만 안타깝게도 우리 주변에는 꿰어지지 않아 아직 가치를 드러내지 못하고 그냥 쌓여 있는 구슬이 너무나 많다.

이 책은 바로 그러한 문제의식으로부터 출발하였다. 사회과학 연구의 씨줄과 날줄이 되는 데이터는 크게 시간과 공간이라는 두 가지 차원을 가지는데, 사회과학에서 공간 차원에 대한 관심이 상대적으로 적은데다 시간과 공간 차원을 모두 고려한 복잡한 분석에 활용할 수 있는 기술적 도구에도 한계가 있어 공간 데이터는 시간 데이터에 비해 활용도가 낮은 편이었다. 하지만 쉽고 편하고 값싸게 공간분석에 활용할 수 있는 QGIS나 GeoDa와 같은 도구가 개발되면서 상황이 많이 바뀌었다. 누구나 공간 데이터를 잘 다듬고 꿰어서 가치 있는 보배를 만들 수 있는 시대가 된 것이다.

이제는 공간 데이터의 분석을 위해 비싼 GIS 소프트웨어를 구입하거나 복잡한 코딩을 배워야 할 필요가 없어졌다. 이 책에서 소개하고 있는 QGIS나 GeoDa는 오픈소스 프로그램으로 누구나 무료로 다운받아 사용할 수 있다. 이러한 문제의식과 긍정적인 환경 변화에 용기를 얻어, 2020년부터 시간을 쪼개서 연세대학교 도시공학과의 윤동근 교수 연구실과 고려대학교 행정학과 구교준 교수 연구실의 협업으로 쉽게 GIS를 배우고 공간분석에 활용할 수 있는 입문형 교재를 집필하였고, 이 책은 그 결과물이다. 부족한 시간을 쪼개서 집필에 함께 참여한 두 연구실의 석박사 과정 대학원생들에게 고마운 마음을 전한다.

이 책은 두 부분으로 나누어져 있다. QGIS를 활용하는 기초적인 방법을 설명하는 앞부분은 연세대 팀이 작성하였고, 뒷 부분의 통계적 공간분석 기법과 QGIS의 응용은 고려대 팀이 작성했다. QGIS의 활용 예시를 위해서는 고려대 정부학연구소가 국회 미래연구원과 공동으로 수행한 행복지표체계 연구를 통해 구축한 데이터베이스를 활용하였으며, 데이터는 http://117.52.82.47/data/data.php을 통해 다운로드할 수 있다.

이 책의 출판 과정에서 한국지역학회와 고려대 정부학연구소의 도움이 컸다. 한국지역학회는 매년 학회 산하 연구출판위원회를 통해 회원들의 연구물 출간을 독려하고 지원해 왔고, 이 책은 학회의 그러한 노력의 연장선상에 있다. 정부학연구소는 새로운 방법론을 사회과학도들에게 소개하는 〈방법론 프론티어시리즈〉를 운영하고 있는데, 부족한 원고를 방법론 프론티어시리즈의 하나로 출간해 주었다. 두 기관에 감사한 마음을 지면을 빌려 전한다.

차례

응용편—QGIS를 활용한 사회과학 연구

1. 사회과학과 공간데이터

사회과학은 사회 현상을 분석하는 실증 학문이다. 그리고 복잡한 사회 현상을 연구하는 사회과학에 과학으로서 가치를 부여하는 가장 중요한 근거는 바로 데이터이다. 데이터는 바로 사회 현상을 서술해 주는 기초 자료인데, 이를 바탕으로 가설을 설정하고 검증하는 과정을 거쳐 비로소 사회 현상을 이해하고 설명하는 체계로서 여러 분야의 사회과학 이론이 만들어진다.

사회과학 연구의 씨줄과 날줄이 되는 데이터는 크게 시간과 공간이라는 두 가지 차원을 가진다. 시간 데이터는 흔히 시계열 데이터라고도 하는데 전통적인 사회과학 연구에서 인과관계를 증명하기 위한 연구에 광범위하게 사용되어 왔다. X변수와 Y변수 간에 인과관계가 성립되기 위해선 1) X변수는 Y변수에 선행한다, 2) X변수는 Y변수와 연관되어 있다, 3) X변수 이외의 제3의 변수가 가지는 효과는 통제된다는 세 가지 조건이 충족되어야 하는데, 그 중 첫 번째 조건이 시간의 차원을 다루고 있다. 그러나 아쉽게도 사회과학에서 공간 차원에 대한 관심은 그렇게 많은 편이 아니었다. 예를 들어 대표적인 사회과학 분야라고 할 수 있는 경제학과 정치학에서 공간 차원이 가지는 의미는 그리 큰 편이 아니다. 물론 국가 간 경제나 정치 관계에 대한 분석에서 흔히 등장하는 지정학적 요인에 대한 고려를 공간 차원이라고 이야기할 수도 있겠지만, 이 책에서 언급하는 공간 차원은 이 보다는 훨씬 좁은 단위를 의미한다. 즉 경제학과 정치학 혹은 사회학 등의 기존 주류 사회과학이 그동안 그나마 다루어 왔던 공간은 국가나 사회 수준의 거시적 공간이라고 할 수 있으며, 도시나 지역 혹은 이보다 더 작은 수준의 커뮤니티 등 미시적 공간에 대한 분석은 사회과학에서 오랜 동안 주목받지 못했다고 할 수 있다.

그렇다면 사회과학 연구에서 미시적 공간 차원의 데이터는 어떤 의미를 가질까? 미시적 공간 데이터의 가치가 잘 발현된 사례는 최초의 전염병 역학 연구라고 할 수 있는 존 스노의 콜레라 연구를 들 수 있다. 존 스노는 19세기 영국 런던에서 창궐했던 콜레라의 원인을 밝히기 위해 사망자들의 거주지를 지도 위에 표시한 콜레라 지도를 만들었다. 콜레라의 단순 사망자 수는 콜레라 상황이 나아지고 있는지 혹은 악화되고 있는지 파악하는 정도의 제한된 의미가 있을 뿐이다. 하지만 그것이 공간 정보와 결합하는 순간 이전에 보이지 않았던 많은 유용한 정보가 제공될 수 있다. 존 스노의 콜레라 지도를 보면 사망자는 'Broad Street'에 집중적으로 몰려 있고, 그중에서도 중앙의 우물을 중심으로 해서 일종의 군집이 형성되어 있음을 알 수 있다. 존 스노는 바로 이 점에 주목하고 콜레라가 오염된 물로 인해 감염된다는 사실을 밝혀 현대 역학의 발전에 중요한 발자취를 남겼다.

존 스노의 콜레라 지도 사례는 공간 데이터가 사회현상을 분석하는 데 어떠한 기여를 할 수 있을지 잘 보여 준다. 사람들이나 상품의 이동 패턴, 기업의 입지 패턴 같은 공간 데이터는 어떤 현상이 공간적으로 어떤 특징을 가지고 분포하는지 보여 준다. 그리고 공간적 분포의 특징은 전염병의 원인이나 경제활동에서 교통과 통신의 역할, 지리적 근접성의 생산성 향상 효과 등 데이터를 공간 차원 위에 펼쳐 놓지 않으면 알 수 없는 많은 사실을 알 수 있게 해 준다. 즉 일반적인 데이터에 공간 차원이 결합함으로 해서 정보의 수준을 넘어 좀 더 많은 의미를 가지는 지식으로 전환되는 것이다.

그림 1. 존 스노의 콜레라 지도[1]

1 Simon Rogers. (2013, March 15). John Snow's data journalism: the cholera map that changed the world. *The Guardian*.

사회과학의 연구 대상이 되는 사회현상은 매우 복잡하다. 자연과학과 같이 하나의 방정식으로 구성된 법칙이 설명할 수 있는 기계적인 세상이 아니며, 따라서 사회현상의 설명을 위해서는 명확한 규칙보다는 패턴을 찾는 것이 보다 생산적인 접근이라고 할 수 있다. 공간데이터는 사회현상의 분석에 공간이라는 새로운 차원을 추가함으로써 복잡한 현상 뒤에 존재하는 패턴을 좀 더 쉽게 발견할 수 있도록 도와준다. 하지만 아쉽게도 공간데이터에 대한 전반적인 이해와 분석은 사회과학 분야 전반에 결여되어 있는 게 사실이다.

이러한 배경을 바탕으로 이 책은 사회과학을 전공하는 학생 및 연구자들을 위해 쓰여졌다. 공간데이터의 활용을 통해 사회현상에 대한 분석을 좀 더 풍성하게 하길 원하는 학생이나 연구자라면 세부 전공을 불문하고 누구나 쉽게 읽고 활용할 수 있도록 책의 난이도를 조정하고 목차를 구성하였다. 책의 전반부는 공간데이터를 분석하는 데 반드시 필요한 GIS를 소개하고 실제 사용법을 익힐 수 있도록 다양한 예제를 소개하고 있다. 예제에 사용된 데이터는 http://117.52.82.47/data/data.php을 통해 다운로드 받을 수 있으니 직접 데이터를 다운로드해서 실습에 활용해 볼 것을 권한다. 책의 후반부는 공간데이터를 활용하여 우리나라의 주관적 행복과 객관적 삶의 질 격차를 분석한 연구를 소개하고 있다. 공간데이터가 사회현상의 분석을 얼마나 풍성하게 해줄 수 있는지 보여줄 수 있기를 기대한다.

2. GIS 소개

(1) GIS란 무엇인가?

지리정보시스템(GIS: Geographic Information System)은 지리와 관련된 데이터를 수집, 결합, 가공, 저장 및 분석하여 지도에 표현할 수 있도록 한 정보시스템이다. GIS는 지도 제작(cartography) 분야가 확장되어 구축된 지도 과학의 범주에 속하며, 사용자가 데이터를 이해하고 다양한 방법으로 분석하여 지도를 통해 시각화할 수 있는 환경을 제공한다.[2] GIS를 통한 데이터 시각화는 사용자가 데이터 간의 상관관계, 각각의 트렌드, 그리고 패턴을 보다 쉽게 이해할 수 있도록 도와준다. GIS가 사용되는 분야로는 국토계획, 도시계획, 수자원관리, 통신 및 교통망 관리, 기상 항공 정보 분석 등이 있다(이희연·심재현, 2011).

GIS는 지리정보를 수치지도(digital map)에 표현한다는 점에서 지도 제작 문서와 매우 유사하다. 그러나 지도에 투영할 데이터의

2 An overview of GIS history. (March 3, 2020). Retrieved from https://www.geospatialworld.net/blogs/overview-of-gis-history/

용량에 제한이 없기 때문에 단순 지도 제작에 비해 복잡하고 깊이 있는 분석이 가능하다는 장점이 있다. 예를 들어, GIS는 지리정보를 겹겹이 쌓아 올려 만든 종합적인 분석 결과를 하나의 지도나 3D 모형으로 구현해 낼 수 있어서 주어진 데이터를 활용하여 공간의 패턴과 상호 관계를 분석하는 데 용이하다.[3] 이때 지리정보는 지표면에 존재하는 모든 정보를 의미하며, 하천, 고도, 도로, 시설물 등이 이에 해당된다. 지리정보는 공간정보와 속성정보 두 형태로 나뉜다. 공간정보는 2차원 혹은 3차원의 공간좌표로서, 객체를 지도에 시각적으로 표현하는 데 사용된다. 속성정보는 객체와 관련된 다양한 정보를 의미한다. 예를 들어, 빌딩의 경우 준공연도, 용도, 구조, 용적률 등이 건물의 속성 정보에 해당된다(이희연·심재현, 2011).

이 책은 GIS의 역사 및 기능을 이해하고 QGIS를 통해 주요 기능을 연습해 보도록 설계되었다. GIS가 데이터 분석과 시각화에 어떻게 사용되는지 알아보고, QGIS를 이용한 실습을 통해 지도 레이아웃 만들기, 결합(join), 분류(classification), 그리고 지오프로세싱(geoprocessing)의 개념과 방법을 학습해 보도록 한다.

(2) GIS의 역사

지리정보시스템은 1960년대에 컴퓨터와 계량 지리학과 함께 학

3 What is GIS? (March 3, 2020). Retrieved from https://www.esri.com/en-us/what-is-gis/overview

문으로 등장하였다. 이후 1988년 캘리포니아 대학교 샌타바버라(University of California, Santa Barbara)의 마이클 굿차일드(Michael Goodchild) 교수를 중심으로 버팔로 대학교(University at Buffalo)와 메인 대학교(University of Maine)가 공동으로 국립지리정보분석센터(The National Center for Geographic Information and Analysis)를 설립하였다. 국립지리정보분석센터에서는 공간 분석과 시각화와 같은 주요 지리 정보 과학 관련 주제에 대한 공식적인 연구가 이루어졌으며, 이는 GIS의 중요한 토대로 작용하였다. GIS 프로그램의 탄생과 발전에 대한 역사는 국립지리정보분석센터의 설립 이전으로 거슬러 올라간다.[4]

1964년, 캐나다 정부기관에서 지리 정보 분석 관련 업무를 하던 로저 톰린슨(Roger Tomlinson)에 의해 최초의 전산화된 GIS 프로그램인 캐나다 지리정보시스템(CGIS)이 개발되었으며, 지리정보시스템을 일컫는 용어로 GIS(Geographic Information System)가 처음 사용되기 시작했다.[5] 그는 캐나다 정부의 승인을 받고 자연 자원에 관련된 모든 주의 데이터를 수집하고 컴퓨터 기술을 활용하여 이를 통합하였다. 또한 그는 정부의 토지 이용 관리에 사용할 대용량의 데이터를 저장하고 프로세스할 수 있는 자동화된 시스템을 만들었으며 지도 관리에 처음으로 '레이어'라는 개

4 History of GIS. (March 03, 2020). Retrieved from https://www.esri.com/en-us/what-is-gis/history-of-gis

5 History of GIS. (March 03, 2020). Retrieved from https://www.esri.com/en-us/what-is-gis/history-of-gis

념을 도입하였다. 실제로 캐나다 토지 관리 협회(Canadian Land Inventory)는 CGIS를 토양, 배수, 기후 정보에 기반한 농작물 종류와 지리적 특성에 따른 토지의 적합성 평가에 사용하였다(이희연·심재현, 2011).

비슷한 시기에 미국통계국도 GIS를 실제 업무에 적용하기 시작했다. 미국통계국은 GIS 발전에 선구적인 파일 형식을 개발하였는데, 그것은 바로 정보를 디지털화하고 오류를 수정함과 함께 단계구분도(Choropleth Map) 제작을 가능케 하는 GBF-DIME (Geographic Base File – Dual Independent Map Encoding) 형식이다. 이를 통해 미국통계국은 인구조사 영역과 도로 및 도심 지역에 대한 정보를 디지털화할 수 있었다.

1963년에는 하버드 대학교 건축대학원(Harvard Graduate School of Design)을 졸업하고 건축가로 일하던 하워드 피셔(Howard Fisher)가 노스웨스턴 대학(Northwestern University)에서 최초의 컴퓨터 매핑 소프트웨어 프로그램인 SYMAP (Synergistic Mapping System)을 개발하였다. SYMAP은 공간적으로 분산된 데이터에 적용할 수 있는 공간 분석 기능을 포함하는 최초의 자동화된 컴퓨터 매핑 시스템이다. 이후 그는 1965년에 컴퓨터 그래픽을 위한 하버드 연구소를 설립하였다. 연구소는 최초의 컴퓨터를 이용한 지도 만들기 소프트웨어를 개발했을 뿐 아니라 공간 분석과 시각화를 위한 리서치 센터의 기능도 수행하였다.[6] GIS 초기 컨셉들과 실제 적용된 기술의 상당 부분이 하버드 연구소의 연구 결과물로 여겨지며, 1970년대 중반 하버드 연구소는 첫번째 벡터 GIS인 ODYSSEY GIS를 개발하였다(이희연·심재현, 2011).

하버드 연구소는 오늘날 세계 전역에 지리정보시스템 소프트웨어를 제공하는 소프트웨어 개발사인 에스리(ESRI, Environmental systems Research Institute)의 설립에도 영향을 주었다. 에스리는 하버드 연구소 출신의 잭 댄저먼드(Jack Dangermond)와 그의 부인인 로라(Laura)에 의해 1969년 설립된 컨설팅 회사로 토지 이용 플래너들과 토시 자원 매니저들에게 컴퓨터 매핑과 공간 분석 기술을 가르치는 것에서 출발하였다. 에스리는 문제 해결에 GIS가 유용함을 인지하고 이를 입증하고자 하였으며, GIS의 공간 분석 관련 기능을 계속해서 발전시켰다. 이후 GIS를 학술적 연구뿐 아니라 실제 사회 문제들에 대한 해결책을 제시하는 데 유용한 소프트웨어로 탈바꿈시켰고 이를 위해 'ARC/INFO'라는 최초의 상용 GIS 제품을 출시하였다.[7] ARC/INFO는 초기 버전의 GIS 소프트웨어로 1981년에 출시되었으며, 에스리를 소프트웨어 개발사로 발전시키는 계기가 되었다. 이후, 1990년대 데스크탑 컴퓨터에서 사용할 수 있는 최초의 윈도우와

6 History of GIS. (March 03, 2020). Retrieved from https://www.esri.com/en-us/what-is-gis/history-of-gis

7 History of GIS. (March 03, 2020). Retrieved from https://www.esri.com/en-us/what-is-gis/history-of-gis

그래픽 사용자 인터페이스(GUI, Graphic User Interface)를 기반으로 한 GIS 시스템인 ArcView가 개발되었다. 이는 2000년대 ARC/INFO와 ArcView의 특성을 결합한 차세대 GIS 소프트웨어인 ArcGIS의 개발로 이어져 현재까지도 꾸준히 개발되며 전 세계적으로 활발히 사용되고 있다.

오늘날 GIS는 세계의 많은 기관들이 수억 개의 지도를 생성하고 그들의 작업을 공유할 수 있는 플랫폼을 제공하고 있다. 2010년 이후부터는 대용량의 데이터를 온라인 리포지토리에 저장할 수 있게 설계된 에스리의 GIS 프로그램인 ArcGIS부터 오픈소스 크로스 플랫폼인 QGIS까지 다양한 GIS 소프트웨어들이 개발 및 사용되고 있다. 그중에서도 최근 QGIS의 사용자 수가 증가하고 있는데, QGIS는 오픈소스로 개발되어 최신 버전이 나올 때마다 무료로 이용할 수 있다는 것이 큰 장점이다. 뿐만 아니라, 맥 OS, 윈도우, 리눅스, 안드로이드 등 여러 운영체제 모두에서 사용 가능하고 프로그래밍을 통해 직접 기능을 추가 또는 개선할 수 있는 자유 소프트웨어 라는 점에서 큰 인기를 끌고 있다.

QGIS는 게리 셔먼(Gary Sherman)에 의해 처음 개발되었으며, 2002년 7월, Quantum GIS라는 이름으로 첫 출시되었다. 초기 프로젝트는 데이터 뷰어를 제공하는 것을 목표로 Post GIS만을 지원하였고 맵 내비게이션 도구나 레이어를 다루는 기능들은 지원하지 않았다(Hugentobler, 2008). 그러나 이후 QGIS에 대한 수요가 점차 증가하고 새로운 기능들이 개발되면서 지금과 같은 데이터에 대한 시각화, 편집 그리고 분석 등이 가능한 지리정보시스템으로 자리잡게 되었다. 현재 QGIS는 다양한 래스터(Raster) 및 벡터(Vector) 데이터 형식을 지원하며, 플러그인 아키텍처(Plugin architecture)를 사용하여 새로운 포맷의 형식도 쉽게 추가할 수 있도록 지원하고 있다. 또한, QGIS는 Qt Toolkit과 C++를 사용해 개발되었는데, 이는 QGIS가 빠르고 사용하기 쉬운 그래픽 사용자 인터페이스(Graphical User Interface, GUI)를 가지고 있음을 의미한다(QGIS Documentation, 2021).[8]

(3) GIS의 주요 기능

GIS는 크게 지리정보 데이터를 수집하는 것에서 시작해서 다양한 속성 데이터와 공간 데이터의 결합을 가능하게 한다. 또한, 이렇게 결합된 데이터를 GIS에서 제공하는 다양한 공간 분석 기능과 도구들을 통해 데이터를 가공하고 분석하여 사용자가 원하는 형식으로 정보를 출력할 수 있게 된다. GIS에서 제공하는 분석 기능은 다양한 계획이나 정책수립을 위한 시나리오 분석, 의사결정 모형의 운영 등 다방면에 활용되고 있다. GIS의 주요 기능을 소개하기에 앞서 데이터 수집과 종류에 대해 설명한 뒤, GIS가 제공하는 데이터 결합 및 가공, 그리고 분석 기능에 대해 소개하고자 한다.

8 QGIS User Guide. (March 04, 2021). Retrieved from https://docs.qgis.org/3.16/en/docs/user_manual/index.html

가. 데이터 수집

GIS를 활용하여 지도를 제작하기 위해서는 우선 지리정보 데이터가 확보되어야 한다. 지리정보 데이터는 주로 아날로그 혹은 디지털 형태로 존재하며 이와 같은 데이터는 주로 지도, 항공사진, 위성사진, 표, 그리고 GPS를 통해 얻어진다(ESRI, 2018). 확보된 데이터를 GIS에 적용하기 위해서 아날로그 데이터는 주로 디지털화, 지도 스캐닝, 필드 데이터 수집, 문서 스캐닝 등의 과정을 거치며 디지털 데이터도 GIS 응용 프로그램을 통해 셰이프파일(Shape file), AutoCAD .dxf 등의 파일로 표준화된다.

나. 데이터 종류

가장 대표적인 지리정보 데이터의 파일 형식은 셰이프파일(.shp)로, 점, 선, 그리고 면 형태의 공간 정보를 담고 있다. 셰이프파일의 핵심 구성 요소로는 공간정보의 인덱스를 저장하고 있는 .shx 파일, 표준 데이터 베이스 파일로 데이터 속성과 object ID 저장을 위해 쓰이는 .dbf파일, 그리고 메타데이터를 셰이프파일에 투영(projection)할 수 있도록 좌표와 연결시켜 놓은 .prj파일이 있다.

다. 데이터 결합

GIS는 공간 데이터(spatial data)와 속성 데이터(attribute data)를 연결하여 통합하는 기능을 한다. 공간과 해당 공간에 대한 속성 정보가 결합되면서 지도로 표현할 수 있는 디지털 데이터가 만들어진다. 이렇게 생성된 디지털 파일에는 점, 선, 면 등의 공간 요소들과 좌표 정보, 그리고 분석하고자 하는 데이터가 함께 결합되어 있다(이희연·심재현, 2011).

라. 데이터 가공

저장된 데이터는 GIS의 Toolkit을 사용해서 다양한 형태로 가공할 수 있다. Toolkit은 데이터 검색, 면적과 둘레 측정, 지도 오버레이, 재분류, 특정 영역 편집 등의 기능들을 제공한다. Toolkit 이외에도 좌표계 설정, Projection, Edge matching 등의 기능들은 각 지도의 레이어 간 차이를 줄이고 분석에 용이하도록 데이터를 정리하는 역할을 한다(Shawana, 2015).

마. 데이터 분석

GIS의 주요 기능은 앞서 수집·가공한 데이터를 분석하는 응용 기술에 관한 것으로, 주어진 데이터를 활용하여 지도에 위치, 양, 밀도, 거리 등을 효과적으로 표현하고, 변화를 모니터링할 수 있는 기능들로 이루어져 있다. 다음은 GIS에서 빈번하게 사용되는 주요 분석 기능들이다.

공간 쿼리(Spatial queries)는 공간 요소들 간의 관계를 분석하는 데 사용하는 반면 속성 쿼리(Attribute queries)는 지리적 특성들의 속성에 대해 분석하는 기능이다. 공간 보간법(Spatial interpolation)은 측정되지 않은 지리적 지역에 대한 수치를 예측할 때 사용하는 기능으로, GIS는 다양한 유형의 보간법 기능을 제공하고 있다. 또한, GIS는 한 점으로부터 다른 점까지의 경로를 분석하는 데 사용되는 네트워크 분석(Network analysis) 기능을 제공하는 동시에 3차원적 분석이 가능한 지형 분석(Terrain analysis)도 제공한다. 근접성을 분석할 때 자주 사용되는 기능인 버퍼 분석(Buffer analysis)은 지정된 영역과 그 영역에서 설정한 범위만큼 떨어진 지역에 대해 분석이 가능하다. 앞서 GIS는 다양한 지도들을 오버레이할 수 있다고 했는데, 공간 오버레이(Spatial overlay) 기능은 서로 다른 지리적 특성을 가진 레이어들의 관계를 비교 및 분석하거나 중첩하여 이를 분석할 수 있는 기능이다. 마지막으로 GIS는 여러 수학적 함수(Mathematical functions)를 제공하여 프로그램 내에서 수리적 계산이 가능하다. 즉 지도에 대수적·도형적 혹은 통계적 함수들을 적용하여 자체적으로 수학적 계산이 가능하도록 돕고 있다(이희연·심재현, 2011).

(4) GIS에 사용되는 공간 데이터 모델

GIS에 사용되는 공간 데이터는 절대적이거나 상대적인 지리적 위치 정보를 함축하고 있기 때문에 지도의 형태로 시각화되고 저장될 수 있다. 공간 데이터는 다음과 같은 벡터 데이터(Vector data)와 래스터 데이터(Raster data)의 두 가지의 형태로 분류된다(이희연·심재현, 2011).

벡터 형식 데이터는 벡터, 꼭지점, 노드로 이루어진 데이터로서,

벡터는 크기와 방향 정보를 나타내는 선을 의미하고, 꼭지점은 X좌표와 Y좌표에 대한 정보를 가진 요소이며, 노드는 각 선이나 면의 처음과 끝점을 나타내는 교점을 말한다. 이 세 가지 요소들이 모여 아크 및 도형을 형성한다. 벡터 데이터는 점, 선, 면으로 표현되는데, 점과 점의 좌표들로 생성된 곡선과 면을 바탕으로 도형이 그려지고 도형 사이사이의 색깔, 선의 굵기, 모양 등의 정보가 지정된다. 대표적인 벡터 형식의 파일에는 셰이프파일(.shp)과 레이어 파일(.lyr)이 있다.

하드 카피 지도를 포함한 대부분의 데이터가 벡터 형태로 되어 있기 때문에 지리적 위치 정보를 얻기에 유용하며, 데이터 이용 시 형식 변환의 번거로움이 없다. 또한 래스터 데이터에 비해 지리정보를 공간적으로 더 정확하게 표현할 수 있으며 더 높은 해상도를 통해 훨씬 자연스럽고 심미적인 표현이 가능하다. 이러한 벡터

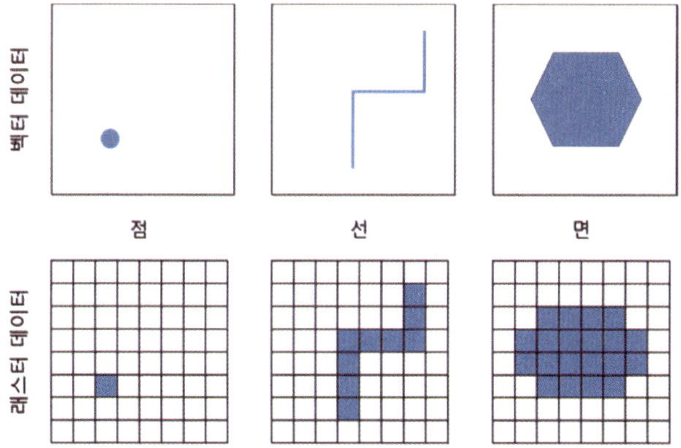

그림 2. 벡터 데이터와 래스터 데이터

데이터는 주로 지도 제작(cartography)이나 네트워크 분석에서 사용된다. 그러나 모든 꼭지점에 대한 좌표 정보를 담고 있는 대용량의 데이터이기 때문에 가공 및 분석이 까다롭고, 이미 생성되어 저장된 도형 내부의 공간 분석이나 필터링이 불가능하다는 한계가 있다.

래스터 데이터는 지리적 영역을 열과 행으로 정의된 셀들로 나누어 표현한 그리드-셀 형식의 데이터이다. 대표적인 래스터 데이터 형식으로는 .jpg, .png 등의 이미지 파일이 있다. 래스터 데이터의 셀 사이즈는 데이터의 정확성과 해상도에 따라 결정되나, 한 래스터 파일 내 모든 셀들은 그 크기가 동일하다. 각 셀마다 열과 행 정보가 있기 때문에 좌표 정보는 필요하지 않으며 단순한 데이터 구조를 갖고 있어 수학적 모델링과 계량적 분석에 용이하다.[9] 고도정보와 같은 연속적 데이터와 토지의 석유 함유량과 같은 불연속적 데이터 모두 쉽게 표현 가능하며, 원격 감지 영상에 주로 사용된다. 그러나 셀의 사이즈에 따라서 해상도가 낮아질 수 있으며 각각의 셀에 하나의 정보만 입력할 수 있어서 대용량의 속성 데이터를 표현하는 데 한계가 있다. 또한, 벡터 데이터에 비해 해상도가 낮으며 정확한 지리적 위치를 구분하기에는 한계가 있다.

---

9 GIS Introduction. (October 14, 2019). Retrieved from http://planet.botany.uwc.ac.za/nisl/GIS/GIS_primer/index.htm

3. QGIS 활용을 위한 준비

(1) QGIS의 활용

지금까지 GIS의 역사 및 기능에 대해 간략히 알아보았다. 지금부터는 QGIS를 이용한 실습을 통해 GIS의 주요 기능을 직접 연습해 볼 것이며, 실습의 최종 목표는 대한민국의 행복 지도를 만드는 것이다. 고려대학교 정부학연구소 연구팀에서는 국회미래연구원과 함께 대한민국의 삶의 질을 시군구 단위로 측정하는 연구를 진행하였다. 웹사이트(주소: http://117.52.82.47/data/data.php)를 통해 해당 연구자료를 다운로드할 수 있다. 본 실습에서는 엑셀 파일 형태로 저장되어 있는 해당 자료를 QGIS의 기능을 활용하여 대한민국 지도에 시각화해 볼 예정이다. QGIS의 설치 방법과 툴 사용 방법부터 레이어 편집, 데이터의 저장 및 활용, 레이아웃 제작, 분류(Classification), 결합(Joining), 그리고 지오프로세싱(Geoprocessing)까지 학습해 보고 학습한 내용을 바탕으로 대한민국 행복 지도를 제작해 본다.

(2) QGIS 설치

QGIS는 오픈 소스 프로그램으로 누구나 무료로 다운받아 이용할 수 있다. 다음의 순서를 통해 QGIS를 다운로드 및 실행해 본다.

① QGIS 다운로드페이지(https://qgis.org/ko/site)로 이동한다. QGIS는 다양한 운영 체제(Windows, Mac, Android)를 지원하고 있으며, 대표적으로 윈도우의 경우, 아래 그림과 같이 최신 버전(3.36버전, 2024년 5월 기준)과 안정화된 버전(3.34 LTR, 2024년 5월 기준)으로 설치 파일이 구분되어 있다.

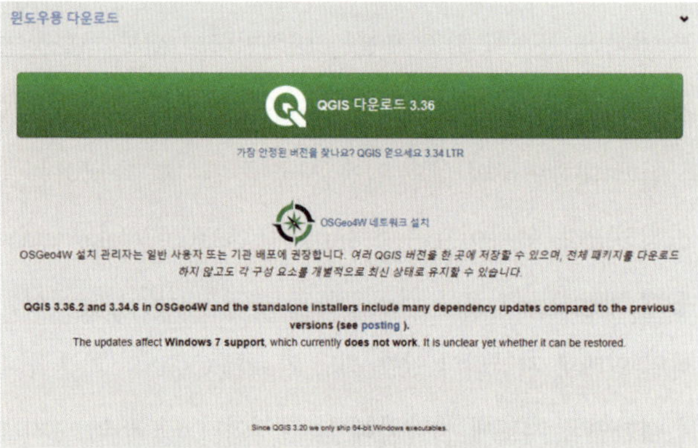

② 다운받을 컴퓨터의 운영체제와 비트 수를 확인한 후, 가장 안정화된 버전(3.34 LTR 버전, 2024년 5월 기준)의 클라이언트를 독립 관리자 형태로 다운로드한다.

③ 다운로드가 완료된 후 설치 클라이언트를 실행한다.

(3) QGIS 메뉴 소개

QGIS 실행 직후의 메인 화면은 다음과 같이 7개의 메인 메뉴와 창으로 구성되어 있다.

① **메뉴바**: QGIS의 모든 기능들이 14개의 항목으로 그룹화되어 있다. 프로젝트 관리, 편집, 보기, 레이어 관리, 실정, 플러그인 관리, 벡터 분석, 래스터 분석, 웹 연동, 메시, HCMGIS, 공간처리, 도움말을 제공한다.

② **가로툴바**: 메뉴바의 주요 기능들과 플러그인 기능을 손쉽게 이용할 수 있다.

③ **탐색기**: 컴퓨터에 저장되어 있거나 QGIS에서 지원하는 공간 레이어를 불러오는 데 사용된다.

④ **레이어**: 레이어들의 순서와 각각의 속성을 관리한다.

⑤ **지도창**: 지도와 공간정보를 시각화한다.

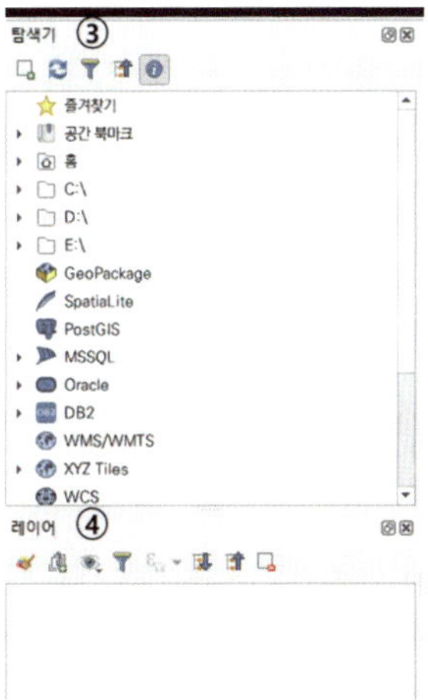

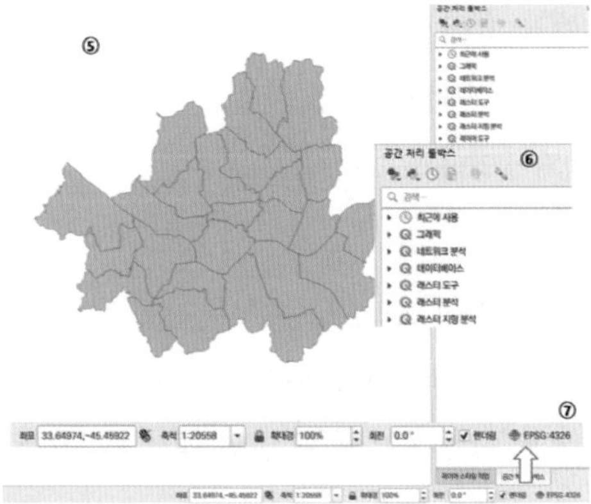

⑥ **프로세싱 툴박스**: 확장 기능 활용 시 사용되며 필요한 기능을 검색창에 검색할 수 있다.

⑦ **상태바**: 지도의 축척과 좌표계에 대한 정보를 제공한다.

(4) 레이어 추가하기

각 프로젝트에서는 여러 가지 형태의 원본 데이터를 불러와 시각화할 수 있는데, 각 구성 요소를 "레이어(Layer)"라고 칭한다. 지리정보 원본 파일(geographic data source)이 QGIS상에 추가되면 하나의 레이어가 되고 QGIS의 symbology 기능을 통해 레이어를 디자인할 수 있다. 이때 레이어는 프로젝트와 함께 .qgz파일로 저장된다. 주로 셰이프파일(.shp)이 레이어로 사용되지만, 테이블 형태의 .csv 파일, 엑셀(.xlsx)파일, 혹은 인터넷상의 상용 지도(구글지도 등)도 레이어로 사용될 수 있다.

원본 데이터가 프로젝트에 추가되면 QGIS의 기본 설정에 따라 기본적인 위치만 지도상에 표시되는 반면, 저장된 레이어 파일을 프로젝트에 추가하면 이전에 이용자가 편집한 형태 그대로 지도창에 띄워진다. 단, 레이어는 원본 데이터에 기반하여 시각화 된 파일이므로 원본 데이터가 편집되면 레이어 또한 변화가 생긴다. 가로툴바의 'New Project' 아이콘을 클릭하여 새 프로젝트를 만들어 보자.

(5) 데이터 불러오기

대한민국 지도 셰이프파일을 웹상에서 다운받은 후 QGIS 프로젝트창에 열어보려 한다. 우선 바탕화면에 'QGIS' 폴더를 생성한다. 그리고 통계지리정보서비스(SGIS, https://sgis.kostat.go.kr/view/index)에 접속하여 대한민국 시도와 시군구 셰이프파일을 QGIS 폴더에 다운로드해 보자. 통계지리정보서비스를 통해 데이터를 다운로드할 때에는 반드시 로그인을 먼저 한 뒤, 자료를 신청해야 한다는 것에 유의한다. 로그인한 뒤, 통계지리정보서비스 메인 메뉴에서 자료제공 ⇒ 자료신청을 클릭한 뒤, 기본정보나 제출동의 등을 작성한다. 그 다음, 자료선택(필수) 작성란에서 자료형태를 '집계구' 로, 집계구 기준년도는 '2023'으로 선택하고 자료구분은 통계지역경계를 선택한다. (만약, 인구나 가구 등에 대한 정보가 필요하다면, 자료구분을 통계자료로 선택하면 해당 데이터를 얻을 수 있으나 본 실습에서는 센서스 경계데이터만 가지고 실습을 하도록 하겠다.)

본 실습에서 필요한 데이터는 전국 시도와 시군구 데이터이므로, 자료대상(집계구별)을 '센서스용 행정구역경계(시도)'로 선택하고 시도/시군구는 전국>전체로 설정하여 추가한다. 시군구 경계 파일도 신청해야 하므로 시도파일과 동일한 과정으로 선택하되, 자료대상(집계구별)을 '센서스용 행정구역경계(시군구)'로 선택하고, 시도/시군구는 전국>전체로 선택하여 추가한다. 두 파일이 모두 추가되었다면 아래에 신청한 파일 목록이 나타나는데 두 파일을 모두 체크하여 '신청완료'를 누르면 되며, 신청한 데이터는 '신청자료 다운로드'에서 다운로드 가능하다.

파일 다운로드가 완료되면 .zip형식으로 다운로드가 되며, 각각의 .zip파일 안에는 .shp파일, .dbf파일, 그리고 .shx, .prj 파일이 포함되어 있다. 최종적으로 저장된 파일명은 다음과 같다.

시도: _census_data_2023_bnd_sido_bnd_sido_00_2023_2023

시군구: _census_data_2023_bnd_sigungu_bnd_sigungu_00_2023_2023

이제 QGIS의 탐색기 창의 바탕화면 폴더에서 QGIS라는 폴더가 생성된 것을 확인할 수 있다. 또한 QGIS 폴더에서 통계지리정보서비스에서 다운받은 셰이프파일이 있음을 확인할 수 있다. 작업 능률을 향상시키기 위하여, 탐색기 창 가장 위의 '즐겨찾기'를 우클릭하여 QGIS 폴더를 다음과 같이 추가한다.

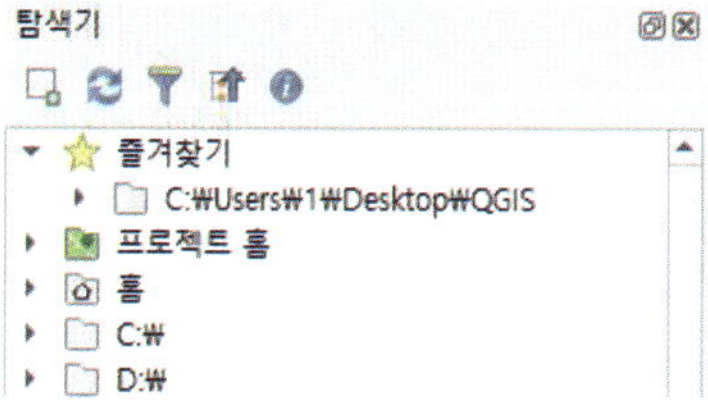

QGIS 탐색기와 일반적인 Windows 탐색기는 그 작동 방식이 유사하지만, QGIS 브라우저에는 다운받은 대한민국 시도 파일 중에 한 개의 파일만 표시되는 반면 Windows 탐색기는 4개 이상의 파일이 표시된다. 이는 GIS파일(.shp파일)이 독립적으로 존재하지 않고, 좌표계(.prj), 속성(.dbf) 등의 여러 하위 파일들과 하나의 묶음으로 이루어져 있기 때문이다. QGIS 탐색기는 이러한 하위 파일들을 다 보여 주지 않고 일부 중요 파일만을 표시해 준다.

그 다음 QGIS 탐색기에서 즐겨찾기하에 있는 QGIS 폴더를 차례로 클릭하여, 웹에서 다운받은 시도와 시군구 파일을 더블 클릭한다. 레이어 창에 두 파일이 추가되었음을 확인할 수 있다.

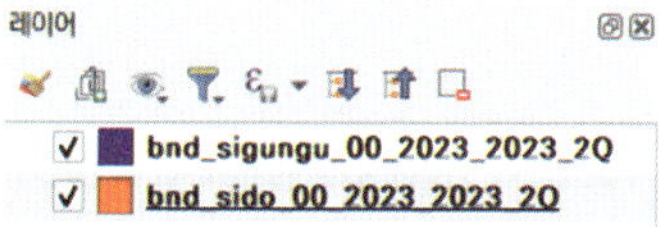

본격적으로 레이어를 편집하고 지도 제작을 하기 전에 좌표계 설정에 대해 알아보도록 하자.

(6) 투영(Projection) 및 좌표계 설정하기

좌표계 설정은 3차원의 지도를 2차원의 종이에 표현하기 위해 "투영(Projection)"이라는 과정을 거치면서 부득이하게 생성된 오차 범위를 줄여 주는 역할을 한다. 우리가 사는 지구는 3차원의 타원체이다. 이를 2차원의 지표에 투영함으로써 점, 선, 면 등을 2차원의 좌표로 표현할 수 있게 된다. 이때, 투영 방법과 기준점, 거리 단위(미터, 야드, 도·분·초 등), 곡률 등에 따라 실제로는 같은 지점이더라도 좌표 숫자는 다르게 표현될 수 있다. 이러한 표현 방식의 차이에 따라 좌표계(Coordinate Reference System, CRS)가 정의된다. 각 셰이프파일의 좌표 정보는 .shp파일과 한 묶음을 이루는 .prj 파일에 저장되어 있다.

한편, 여러 레이어를 동시에 올리고 작업을 하는 GIS분석의 특성상, 각 레이어 별 좌표계가 상이하면 작업 중 의도치 않은 결과물이나 오류가 발생할 수 있다. 이는 각 좌표계별로 기하학적 특성과 허용 오차 범위가 모두 다르기 때문이다. 따라서 프로젝트 전체의 좌표계와 각 레이어의 좌표계를 맞추어 주는 작업이 모든 다른 작업보다 선행되어야 한다.

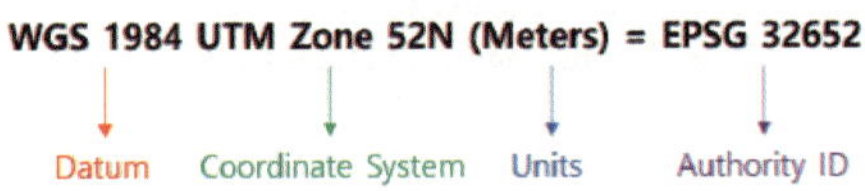

좌표계 이름은 보통 데이텀, 코디네이트 시스템 그리고 유닛에

의해 표현(정의)된다. 데이텀(Datum)은 지구 타원체를 근사하는 방식이고 코디네이트 시스템(Coordinate System)은 좌표계를 표현하고 원점을 정의하는 방식이며 유닛(Units)은 좌표계 숫자의 단위(예시: 미터)이다. 국내에서 자주 사용되는 좌표계인 'WGS 84 / UTM zone 52N (EPSG 32652)' 를 예로 설명해 보자. 여기서 데이텀은 'WGS 1984'이며, 코디네이트 시스템은 'UTM Zone 52N'으로 Meter 단위를 이용하여 좌표를 나타낸다. 이때 UTM 좌표계의 경우, 전 세계를 경도 6° 간격의 영역으로 나눈 것으로, 우리나라는 UTM Zone 52번째에 위치한다(이희연·심재현, 2011, 오규식·정승현, 2013). 한편, 널리 쓰이고 공신력 있는 기관에 인정받은 좌표계는 위 예시의 EPSG 32652와 같은 고유번호(Authority ID)를 부여받게 된다.

우리나라에서 주로 이용되는 좌표계는 UTM 52N(EPSG 32652, 동경126~132도, 북위0~84도 지역 세계 표준), 중부원점(EPSG 5186, 카카오 및 행정자치부 등에서 사용), Katec(비공식 좌표계, 네이버 및 국토교통부 등에서 사용) 좌표계로 모두 미터 단위를 이용한다(김남신 외, 2018). 이번 실습에 적용되는 좌표계는 EPSG 5179이다.

QGIS에서는 .prj파일 자체와 좌표 수치는 변화시키지 않되 '화면상'에서 변화된 좌표계로 셰이프파일을 표출해 주는 soft projection과 .prj파일과 좌표 수치 자체를 바꾸어 주는 hard projection 모두를 지원한다.

4. 레이어 편집 및 지도 제작하기

(1) 시도경계 레이어를 이용한 심볼(Symbology) 편집하기

다음의 지도들은 앞서 추가된 대한민국 시도 지도(bnd_sido_00_2023_2023_2Q.shp)와 시군구 지도(bnd_sigungu_00_2023_2023_2Q.shp)이다.

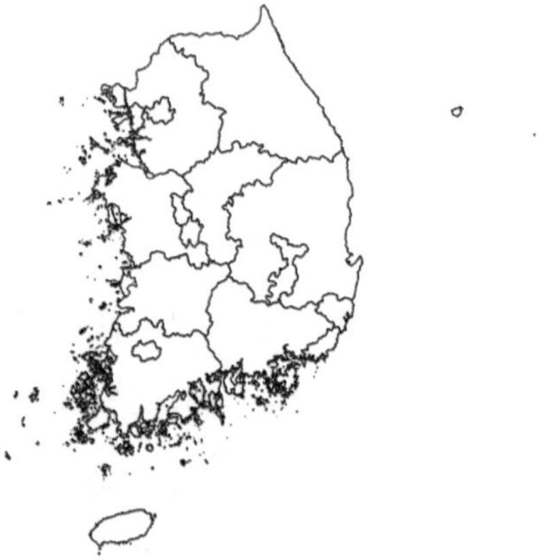

그림 3-1. 시도 지도

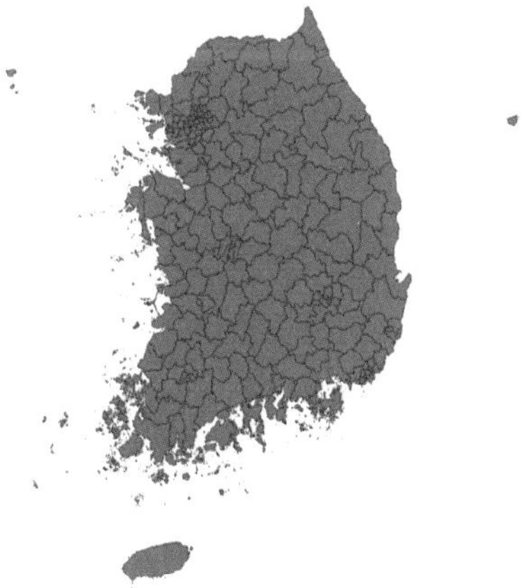

그림 3-2. 시군구 지도

레이어창에서 특정 레이어를 우 클릭하여 속성 탭을 연 뒤, 심볼 탭에서 지도의 색깔, 테두리 등 세부적인 디자인 요소들을 변경할 수 있다. 레이어 창에서는 현재 프로젝트에 존재하는 모든 레이어들의 순서와 활성화 여부를 표시해 줄 뿐만 아니라, 현재 각 레이어의 색깔, 선 굵기 등의 디자인 또한 대략적으로 확인할 수 있다.

대한민국 시도 레이어를 우 클릭하고 속성으로 들어간 후 "심볼" 탭을 활성화한다(Tip: 레이어 창에서 각 레이어의 모양을 더블 클릭해도 동일한 창이 열린다). 심볼 설정(Symbology)은 지도 제작에 있어서 필수적인 과정이다. 이번 실습에서는 대한민국 시군구 지도에 시도 지도를 오버레이하여 시도 경계를 명확히 해주려 한다(오버레이란, 하나의 레이어 위에 다른 레이어를 덮어 씌운다는 의미이다). 대한민국 시도 레이어의 심볼 탭에서 단일 심볼을 선택한다. **채우기 ⇒ 단순 채우기 ⇒ 채우기 스타일**에서 "no brush"를 선택하여 지도 색깔을 투명하게 한 뒤 선 색상과 선 굵기를 조정한 다음 시군구 지도에 오버레이 하면 다음과 같은 지도가 만들어진다.

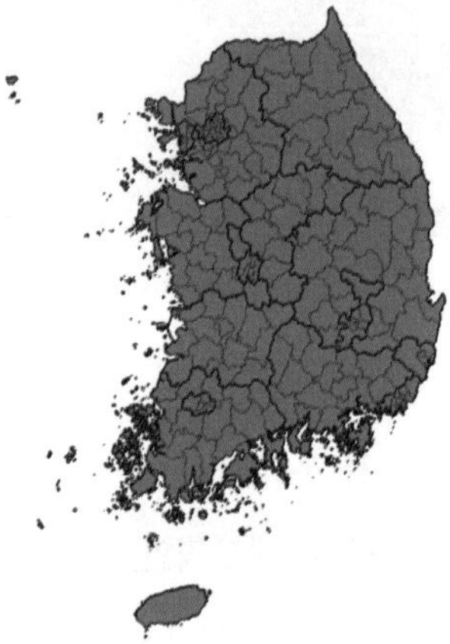

그림 4. 시도 지도와 시군구 지도의 오버레이

(2) 속성 테이블

GIS파일은 각 도형의 모양이나 위치뿐 아니라, 각 하위 요소(피처, feature 혹은 객체)들에 대한 정보를 '속성 테이블'이라고 불리는 표 형식의 데이터로 갖고 있다. "시군구 경계" 레이어를 우 클릭하고 **"속성 테이블 열기"**를 클릭하면(단축키: F6) 선택된 레이어에 대한 속성 테이블이 열리게 된다.

해당 속성 테이블에는 시군구명, 시군구 코드의 정보가 포함되어 있다. 이들 각각을 “**필드(Field)**”라고 부른다(그중 SIGUNGU_NM 필드가 그림문자로 표기되어 있을 경우 레이어 우 클릭 후, 속성 ⇒ 원본 ⇒ 데이터 원본 인코딩에서 ‘EUC-KR’로 변경해 준다). 각 필드명을 클릭하면, 필드명을 기준으로 데이터가 오름차순 정렬되고, 한 번 더 클릭하면 내림차순 정렬된다. 통계청에서 제시한 순서대로 데이터를 정렬하기 위하여 SIGUNGU_CD필드를 1회 좌 클릭해 본다.

시군구 지도의 속성 테이블은 현재 총 250개의 개체를 포함하고 있다. 그러나 자세히 살펴보면 일부 특정 시가 여러 개의 일반구로 나뉘어 중복 저장되어 있음을 확인할 수 있다. 예를 들어 수원시의 경우 수원시 권선구, 수원시 팔달구, 수원시 영통구, 수원시 장안구가 중복되어 표기되어 있다. 성남시 또한 3번 중복되어 있음을 확인할 수 있다. 앞으로의 실습을 위해 중복된 개체를 결합시키고, 해당 데이터가 229개의 개체를 포함하도록 수정하는 작업이 필요하다.

	BASE_DATE	SIGUNGU_NM	SIGUNGU_CD
75	20230701	울주군	26510
76	20230701	세종시	29010
77	20230701	수원시 장안구	31011
78	20230701	수원시 권선구	31012
79	20230701	수원시 팔달구	31013
80	20230701	수원시 영통구	31014
81	20230701	성남시 수정구	31021
82	20230701	성남시 중원구	31022
83	20230701	성남시 분당구	31023
84	20230701	의정부시	31030

속성 테이블 창 왼쪽 위의 **편집 모드**를 켜고 SIGUNGU_CD(시군구코드)를 수정한다. 수원시의 경우 4개의 행의 지역코드를 가장 위에 있는 수원시 장안구의 지역 코드인 '31011'로 통일시킨다. 이와 같이 하나의 시에 여러 개의 구가 중복되어 있는 지역들—성남시, 안양시, 안산시, 고양시, 용인시, 청주시, 천안시, 전주시, 포항시, 창원시—의 시군구코드들을 마찬가지로 수정해 준다.

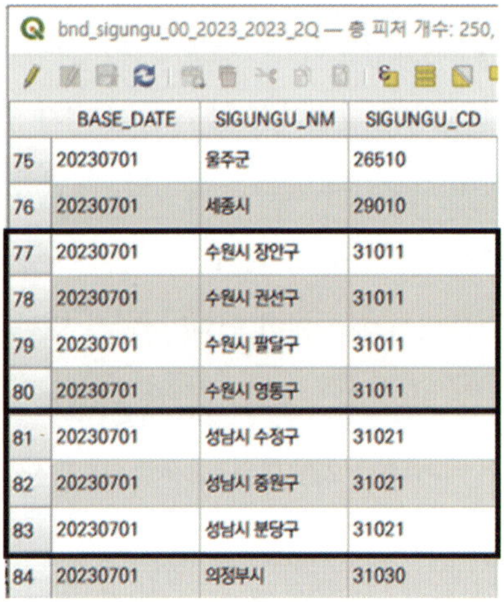
bnd_sigungu_00_2023_2023_2Q — 총 피처 개수: 250,

	BASE_DATE	SIGUNGU_NM	SIGUNGU_CD
75	20230701	울주군	26510
76	20230701	세종시	29010
77	20230701	수원시 장안구	31011
78	20230701	수원시 권선구	31011
79	20230701	수원시 팔달구	31011
80	20230701	수원시 영통구	31011
81	20230701	성남시 수정구	31021
82	20230701	성남시 중원구	31021
83	20230701	성남시 분당구	31021
84	20230701	의정부시	31030

이제 편집 모드를 끄고 수정된 내용을 저장한다. 속성테이블을 닫은 뒤 QGIS 화면 오른쪽에 위치한 Processing Toolbox(공간 처리 툴박스)에서 융해(Dissolve)를 검색하여 벡터 도형 카테고리에 있는 융해를 클릭해 해당 기능을 사용하도록 한다.

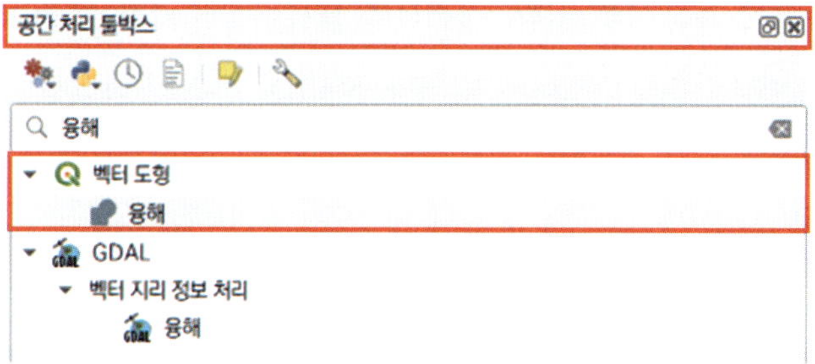

공간 처리 툴박스의 기능에 대해서는 책의 뒷부분에서 더 자세히 다룰 예정이다. 실습에 필요한 데이터 편집을 위해 **"융해(dissolve)"** 기능만 먼저 사용해 보겠다.

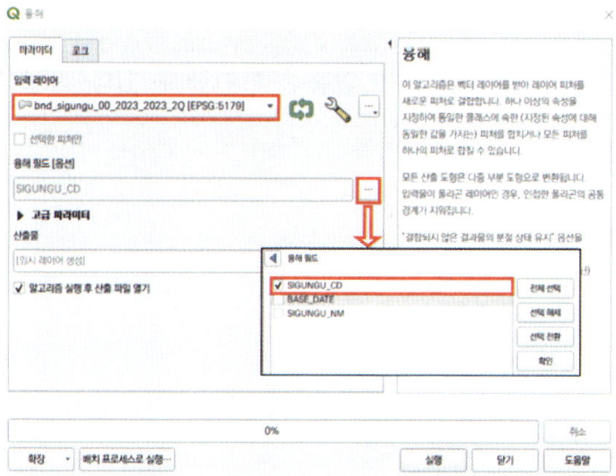

융해를 클릭하면 위와 같은 화면이 나온다. 융해 필드 오른쪽의 ⋯ 버튼을 클릭하고 "SIGUNGU_CD"를 선택한다. 그리고 오른쪽 아래 실행 버튼을 클릭한다. 앞서 동일한 자치시가 여러 개의 일반구들로 나뉘어 중복 저장되어 있는 경우 이들의 지역코드를 하나로 통일시켰다. QGIS의 융해 기능은 지역코드를 기준으로 지도를 융해함으로써 중복된 개체들을 하나의 개체로 통일시킨다.

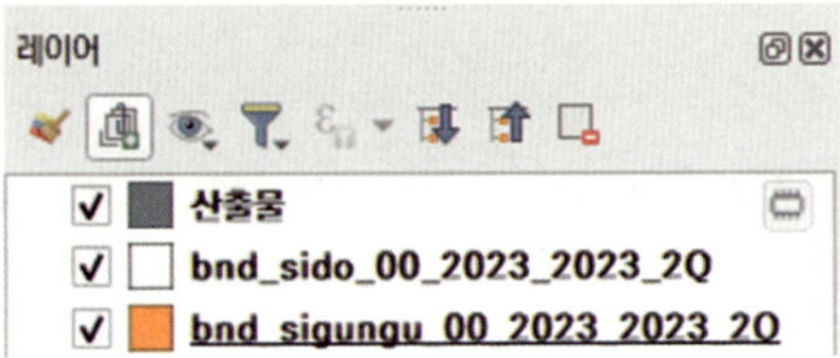

레이어창에 "**산출물**"이 새롭게 생성되었음을 확인할 수 있다. 이 레이어의 속성 테이블을 보면 총 객체 수가 229개로 변경되고 중복되어 저장된 특정 시가 없음을 확인할 수 있다. 작업상의 편의를 위해 해당 레이어의 이름을 "시군구"로 변경해 준다.

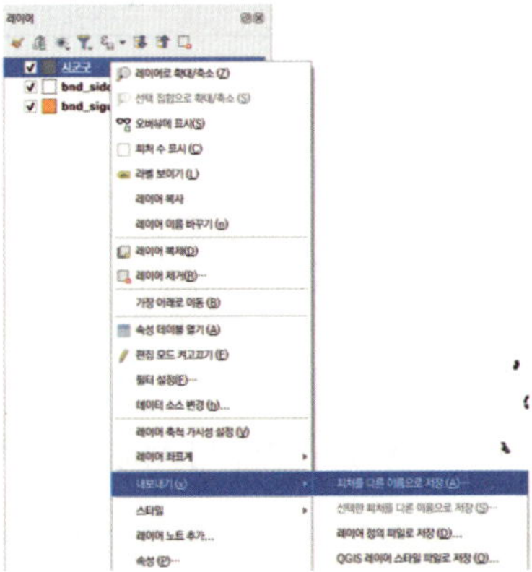

또한, 새로 만들어진 "산출물"인 시군구 파일을 외부 경로에 저장할 수도 있다. 레이어 창에서 시군구 파일을 우 클릭하면 **내보내기(Export)**를 할 수 있는데, 이를 클릭하고 '피처를 다른 이름으로 저장'을 클릭하여 해당 .shp파일을 원하는 경로에 저장할 수 있다. Format은 'ESRI Shapefile'로 하고, 파일 이름 오른쪽의 […] 버튼을 클릭하여 원하는 경로에 파일을 저장한다. 새로 저장된 시군구 파일을 열 때, 속성 테이블에서 글자가 깨지는 것을 미연에 방지하기 위해 windows-949 또는 EUC-KR로 인코딩한 뒤, 저장하도록 한다.

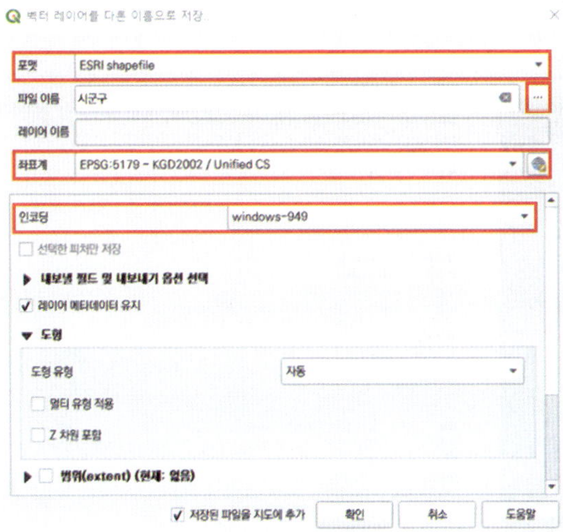

(3) 원본 데이터 경로 확인하기

보통 하나의 프로젝트에서 여러 가지 경로에 존재하는 데이터를 이용하기 때문에 레이어가 참조하는 원본 데이터의 경로를 확인할 필요가 간혹 발생한다. 특히, 레이어의 추가/삭제 혹은 원본 데이터의 수정 시 잘못된 경로의 데이터를 선택하면 복구가 힘든 경우가 있으므로 해당 기능을 숙지하는 것이 바람직하다. 이를 확인하기 위해서는 각 레이어를 우클릭 한 후, **속성의 정보 패널**로 이동하면 아래와 같이 경로가 표시된다. 경로를 클릭하면 해당 경로를 포함하는 폴더가 열리게 된다.

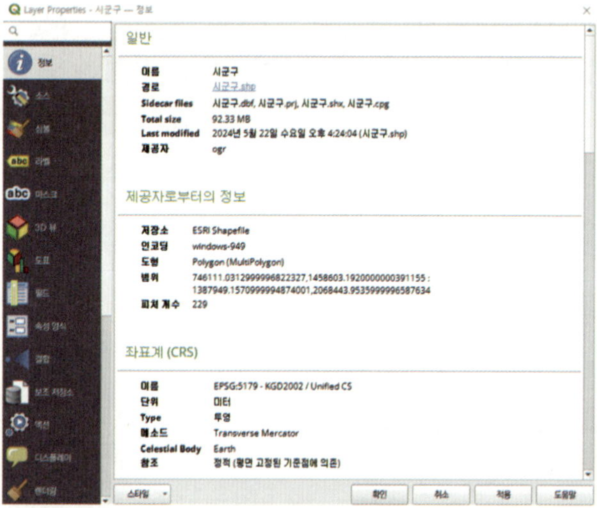

(4) 측정 도구 사용

다음은 지도의 측정에 이용되는 QGIS의 도구들에 대한 설명을 정리한 표이다. 자 모양 으로 생긴 "Measure Line(라인 길이 측정)" 툴을 이용하여 지도상의 점을 찍어 선분 길이와 총 길이를 확인할 수 있으며, 같이 묶여 있는 도구인 면적 측정 및 각도 측정 도구를 통해서 면적과 각도를 확인할 수 있다. 이 외에도 다음과 같은 기능들이 기본적으로 제공된다.

표 1. QGIS에서 제공하는 측정 도구

Toolbar	기능
	지도를 확대/축소할 수 있음
	원하는 지역을 클릭하여 따로 선택할 수 있음
	특정한 조건을 설정하고, 이에 부합되는 지역만을 선택할 수 있음
	지도의 속성정보를 조회할 수 있음
	선택했던 지역의 선택을 해제할 수 있음
	계산식을 활용한 추가 정보를 만들어 새로운 필드에 정보를 입력할 수 있음
	Processing Toolbar를 조회할 수 있음
	Statistics 창을 조회할 수 있음

(5) 라벨링(Labelling)

이름표(라벨, Label)는 지도에서 매우 중요한 요소이다. 라벨의 존재 여부가 지도의 가치를 크게 결정하며 적절한 곳에 위치한 라벨은 전체적인 지도 해석에 도움을 주고 미적인 측면에서도 이점이 있다.

우선 대한민국 시도 레이어를 우클릭하고 속성에서 라벨 탭으로 이동한다. 상단의 '라벨 없음'을 **'단일 라벨'**로 바꿔 주고 라벨 필드를 각 시도의 이름이 저장된 'SIDO_NM'으로 선택한 후 텍스트 탭에서 글꼴과 크기 및 색깔 등을 변경해 본다. 라벨이 조금 더 두드러져 보이도록, 버퍼 탭에서 텍스트 버퍼 그리기를 체크하고, 외곽선의 굵기와 색상을 조정한다. 그 외 다른 탭에서 배치, 렌더링 값 등을 기호에 따라 조정한다.

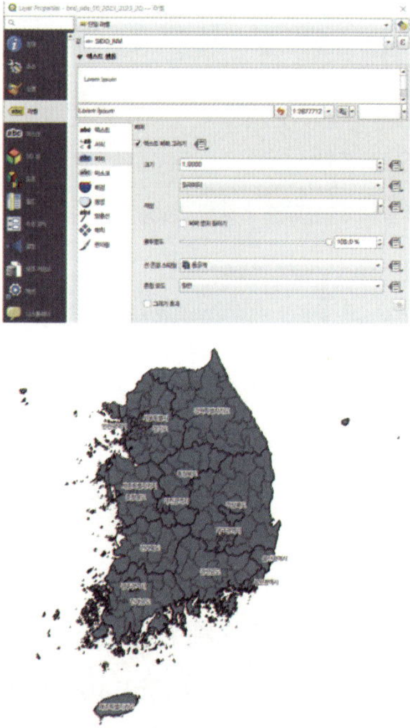

그림 5. 라벨링 작업을 완료한 지도

(6) 레이아웃 제작

위 과정까지는 원본 데이터를 순서대로 불러와 디자인하는 작업이었다. 지금부터는 이제까지 작업한 콘텐츠 중 필요한 부분만 선택하여 분리된 지도 파일로 추출(export)하는 작업을 실습해 보겠다. 실제 지도 파일을 추출하기 위해서는 지도의 범위, 프레임의 크기, 축척, 범례 등 기타 요소 등의 설정이 필요하며 이를 총칭하여 **레이아웃**(Layout)이라고 한다.

메뉴바의 프로젝트에서 "새 인쇄 조판"이나 가로툴바의 아이콘을 클릭하여 새로운 레이아웃을 생성한다. 레이아웃 **중앙의 빈 화면**을 우 클릭하고 "**페이지 속성**"을 클릭하여 우측의 항**목 속성 패널**에서 페이지 크기를 '**사용자 정의 너비160mm, 높이 120mm**'로 변경한다.

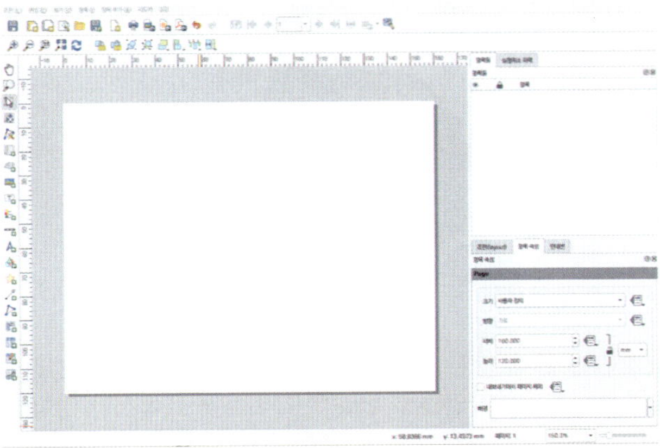

다음으로 레이아웃 관리자의 왼쪽 툴바에서 맵 추가 툴 (혹

은 메뉴바의 **항목 추가-맵 추가**)을 선택한다. 마우스 포인터의 모양이 +형태가 되었을 때 왼쪽 위부터 오른쪽 아래로 드래그하여 아래와 같이 일부 여백을 제외한 페이지 전체를 지도로 채운다. 위쪽은 제목이 들어갈 부분이므로 여백을 다른 쪽보다 더 크게 설정한다.

이번 연습에서는 경기도의 지도를 그려보자. 좌측 툴바의 항목 콘텐츠 이동  도구를 활성화하여, 드래그를 이용하여 경기도가 화면의 중앙에 오도록 재배치한다. 전국이 표시되는 현재는 축척이 매우 큰 상황이므로 지정한 페이지 크기와 경기도의 크기에 맞게 우측의 항목속성 패널에서 **축척**(Scale)을 1,700,000으로 조정한다. 또한 동일 메뉴에서 Frame 체크박스를 체크 ▼ ✓ **프레임** 하여 테두리를 그린다.

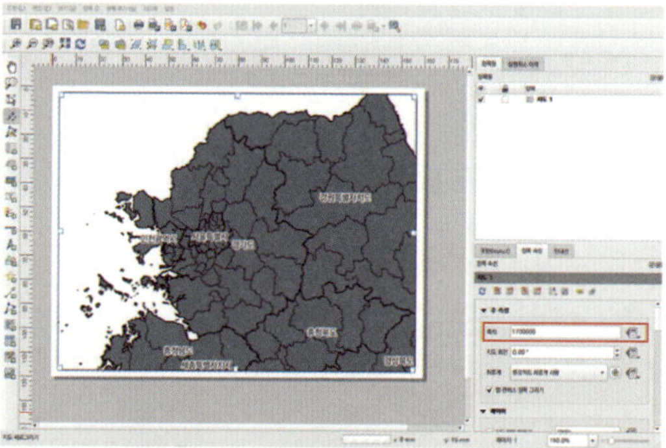

이러한 일련의 작업들은 단순히 레이아웃 내에서만 영향을 미치는 것으로, 프로젝트의 메인 지도를 다시 확인해 보면 영향을 받지 않았다는 것을 확인할 수 있다.

(7) 축척 막대(Scale Bar) 추가하기

이번에는 지도의 다른 요소들을 추가해 보자. 메뉴의 항목 추가나 왼쪽 툴바의 각 아이콘들을 클릭하여 방위표, 축척 막대, 텍스트, 도형, 화살표 등을 추가할 수 있다. 위의 아이콘을 누른 후, 마우스 커서가 + 모양이 되면 적당한 위치에 드래그 한다. 막대가 추가되면, 아래와 같이 레이아웃 관리자 내에서도 '지도 1'과 함께 **〈축척 막대〉 레이어**가 항목 창에 생성된 것을 확인할 수 있다.

프로젝트 메인 페이지의 레이어와 마찬가지로 레이아웃의 항목 창에서 요소별 순서와 활성화 여부를 변경할 수 있고 항목 속성 탭에서는 요소별 디자인(ex. 색상)을 할 수 있다. 항목 속성에는 현재 항목 창에서 활성화된(클릭된, 회색으로 표시) 요소들에 대한 디자인을 진행할 수 있으므로 아래와 같은 화면이 나오지 않는다면 〈축척 막대〉를 클릭하고 다시 항목 속성 클릭해 본다.

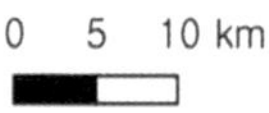

축척 막대의 경우 조정할 수 있는 옵션이 상당히 많으며, 아래의 자료를 참고하여 막대의 길이, 여백, 막대 사각형 수, 글꼴, 배경, 투명도 등을 적당히 조정하여 지도와 조화를 이루도록 만들어 본다.

축척 막대뿐만 아니라 텍스트, 방위표, 범례 등을 지도에 추가할 수 있다. 방위표의 경우, 지도의 북쪽을 알려주는 방위표를 추가해 보자. 위 아이콘을 클릭하여 지도상의 적당한 위치에 방위표가 들어갈 자리를 잡아 준다. 항목 창에 새롭게 생성된 〈**픽쳐**〉라는 항목을 클릭한다. **항목 속성** ⇒ **SVG 브라우저 메뉴**에서 방위표를 찾아 모양을 바꾸고 채우기나 윤곽선 색깔을 필요에 따라 변경한다.

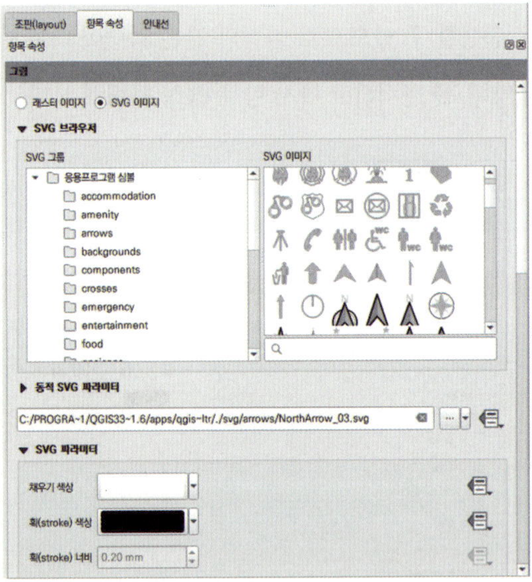

(8) 지도 추출하기(Export Map)

지도 제작이 끝난 후, 이를 이미지 파일(혹은 pdf파일)로 저장하기 위해 내보내기 기능을 이용한다. "이미지로 내보내기" 기능을 이용하여 제작한 레이아웃을 원하는 폴더에 Layout1.png 파일로 저장해 본다. 출력되는 이미지파일의 해상도를 조절하려면, 메인 메뉴의 조판(layout) 탭을 클릭하여 나오는 내보내기 설정 중 해상도의 숫자를 조정하면 된다.

5. 결합(Join)

이번에는 QGIS에서 빈번하게 사용되는 주요 기능인 "**결합(Join)**"에 대해 배워 보자. 결합은 지도에 지리 정보를 포함한 데이터를 더해 주는 역할을 한다. 결합(Join) 기능은 다양한 소스의 데이터를 통합하고 연계하여 표현 및 분석하는 과정에 사용된다. 이번 단원에서는 속성값에 기반한 결합을 배워 보자.

(1) 데이터 불러오기

4차 산업혁명과 빅데이터 시대에 발맞추어 공공과 민간 모든 부문에서 데이터의 개방, 빅데이터 이용이 큰 이슈로 떠오르고 있으며 제공되는 GIS 데이터의 수도 기하급수적으로 늘고 있다. GIS와 관련된 각종 국내 데이터는 아래와 같은 사이트에서 찾아볼 수 있으며 일반적으로 텍스트, csv, 엑셀 형태로 제공된다.

지금부터 시군구 단위로 정리되어 있는 대한민국 삶의 질 지표를 지도에 나타내 보자. 고려대학교 정부학연구소 연구팀에서는 국회미래연구원과 함께 대한민국의 삶의 질을 측정하기 위해 총 7

개 부문–건강, 안전, 경제, 환경, 교육, 관계 및 사회참여, 여가–에 대한 지역 역량(Regional Capability) 연구를 진행하였다. 그리고 시군구 단위로 각 지역별, 부문별 데이터를 대한민국 지도에 투영하여 대한민국 행복지도를 만들었다. 해당 지도와 지도 제작에 사용된 데이터는 http://117.52.82.47/data/data.php에서 확인 및 다운로드할 수 있다.

(2) 결합

이번 실습에서는 QGIS를 사용하여 웹사이트에 올라와 있는 형태의 지도를 제작해 보려 한다. 앞서 언급한 고려대학교 정부학연구소 연구팀의 연구에서 49명의 전문가들에게 7개의 부문의 상대적 가치판단을 의뢰한 결과에 따르면 건강영역이 압도적으로 중요한 영역으로 조사되었다고 한다. 7개 부문을 종합한 행복역량지수에 대한 지도를 제작해 보자.

현재 지도 제작을 위한 시군구 셰이프파일은 준비가 되어 있으나, 대한민국 시군구별 행복역량지수 데이터는 웹상에 있다. 따라서 데이터를 데스크탑에 저장한 뒤 QGIS 레이어 창으로 불러와 시군구 셰이프파일과 결합해 주는 작업이 필요하다. 단, 이전의 융해 기능이 제대로 실현되지 않았을 경우를 대비하여 융해 기능을 사용하지 않고도 각 시군구별로 동일한 값을 부여해 줄 수 있도록 시각화할 것이다.

① http://117.52.82.47/data/data.php에 접속한 뒤 상단 메뉴에서 '2019 행복지도'를 클릭한 뒤, 행복역량지수 ⇒ 엑셀 다운로드를 클릭한다.

② 다운받은 엑셀 파일을 열어 보면 다음과 같이 구성되어 있다.

B2 | fx 서울특별시

	A	B	C	D	E
1	No	시도	구군	code	satis
2	1	서울특별시	종로구	11010	0.4437
3	2	서울특별시	중구	11020	0.4976
4	3	서울특별시	용산구	11030	0.6161
5	4	서울특별시	성동구	11040	0.4729
6	5	서울특별시	광진구	11050	0.4041
7	6	서울특별시	동대문구	11060	0.5842
8	7	서울특별시	중랑구	11070	0.1058
9	8	서울특별시	성북구	11080	0.6382
10	9	서울특별시	강북구	11090	0.0461

③ 결합 기능은 셰이프파일과 엑셀 파일에 공통된 필드가 있을 때, 그 필드를 기준으로 두 데이터를 합쳐 준다.

	BASE_DATE	SIGUNGU_NM	SIGUNGU_CD ▲
1	20230701	종로구	11010
2	20230701	중구	11020
3	20230701	용산구	11030
4	20230701	성동구	11040
5	20230701	광진구	11050
6	20230701	동대문구	11060

④ 위의 두 이미지들의 공통된 필드는 시군구 이름이다. 엑셀 파일의 '구군' 필드와 셰이프파일의 'SIGUNGU_NM' 필드 모두 시군구의 이름에 대한 정보를 나타낸다. 그러나 대한민국에는 서로 다른 도에 동일한 이름의 시군구가 있는 지역들이 있다. 대표적인 예로 '중구'는 서울특별시, 부산광역시, 대구광역시, 대전광역시, 인천광역시, 그리고 울산광역시의 자치구 이름이다. 이러한 문제로 인해 이 필드를 기준으로는 결합을 진행할 수 없고 각 시군구에 부여된 지역코드를 통해 결합을 진행하고자 한다. 그러나 다운받은 엑셀 파일에는 지역코드 정보가 없기 때문에 QGIS상의 시군구 셰이프파일의 속성 테이블에 있는 지역코드를 이용하여 지역코드 필드를 새롭게 생성해 주어야 한다.

앞의 실습에서 우리는 '시군구' 파일을 내보내기 하여 하나의 파일로 저장하였다. 시군구 파일이 저장된 폴더를 살펴보면 시군구 파일이 총 6개의 각기 다른 형식의 파일로 구성되어 있음을 확인할 수 있다. 이 중 .dbf파일을 엑셀을 이용해 열어 보면 QGIS상의 속성 테이블과 같은 형태임을 알 수 있다. 이를 이용하여 .dbf 파일의 지역코드를 대한민국행복시도_행복역량지수 엑셀파일에

복사하여 붙여 준다. 단, .dbf파일을 수정하게 될 경우, 원본 데이터가 손상될 수 있으므로 저장을 해야 한다면 **반드시 다른 이름으로 저장**하도록 한다.

시군구코드를 추가한 뒤, 엑셀파일(.csv 파일)의 지표 데이터가 모두 '숫자' 형태로 저장될 수 있도록 바꿔 준다. 데이터가 숫자 형태로 되어 있어야만 결합 이후 다른 QGIS의 기능을 사용할 때 용이하다. 다만 서귀포시와 제주시는 하나의 단위로 분석되어 있으므로 같은 지역코드 '39010'을 부여해 준다. 만약 셰이프파일 내에서 서귀포시와 제주시가 다른 지역코드를 사용하고 있다면 QGIS 상에서 '시군구' 파일의 속성 테이블을 수정하여 제주시와 서귀포시 모두 SIGUNGU_CD가 '39010'이 되도록 수정한 뒤, 변경된 속성 테이블을 저장하고 편집 모드를 종료해야 한다.

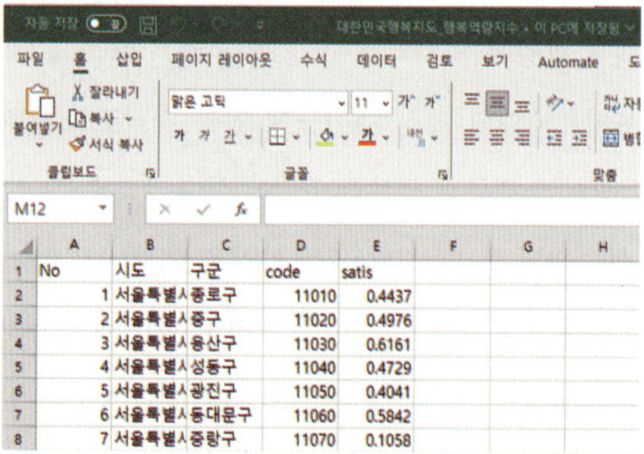

⑤ 편집한 엑셀 파일을 QGIS 폴더에 저장한 후 QGIS 레이어 창으로 불러온다.

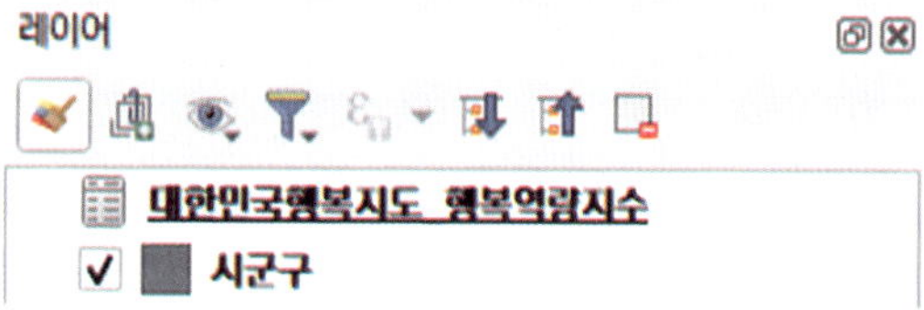

⑥ 시군구 레이어를 너블 클릭하여 레이어 속성 창을 열고 결합 탭에 들어가 ⊕ 버튼을 클릭하고 아래 이미지와 같이 '벡터 결합 추가'라는 창이 열리면 **대상 레이어**에 **"대한민국행복지도_행복역량지수"**를, **필드결합**에 **"시군구코드"**, 그리고 **대상 필드**에 "SIGUNGU_CD"를 입력한다.

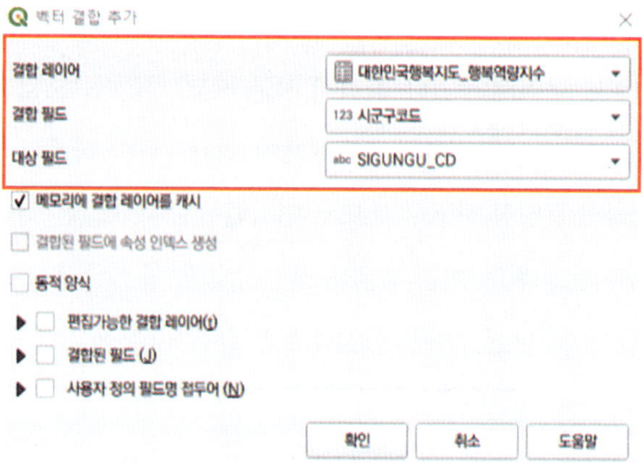

⑦ 이제 시군구 레이어의 속성 테이블을 열어 보면 다음과 같이 엑셀 데이터가 결합되었음을 확인할 수 있다.

선택한 피처 개수: 0

대한민국행복지도_행복역량지수_No	대한민국행복지도_행복역량지수_시도	대한민국행복지도_행복역량지수_구군	대한민국행복지도_행복역량지수_행복역량지수
1	서울특별시	종로구	0.4437
2	서울특별시	중구	0.4976
3	서울특별시	용산구	0.6161
4	서울특별시	성동구	0.4729
5	서울특별시	광진구	0.4041
6	서울특별시	동대문구	0.5842
7	서울특별시	중랑구	0.1058
8	서울특별시	성북구	0.6382
9	서울특별시	강북구	0.0461
10	서울특별시	도봉구	0.2171

만약 융해 기능이 제대로 이루어지지 않았다 하더라도, 이미 shp 파일상에서 하나의 시군구에 하나의 지역코드만 부여되도록 수정해 준 상태이기 때문에 동일한 행복역량지수 값이 결합되어 있음을 볼 수 있다. 예를 들어 수원시의 경우 앞에서 수원시 장안구, 팔달구, 권선구, 영통구를 모두 '31011' 지역코드로 수정해 주었고, 행복역량지수 엑셀파일 내에서도 수원시에 시군구 코드를 '31011'로 부여해 주었다. 따라서 시군구 코드를 기준으로 엑셀파일과 지도 파일을 결합하였기 때문에 수원시 내에 다른 자치구라 하더라도 동일한 시군구 코드로 인식해 역량지수 값은 하나의 값만 부여받게 된다. 이는 성남시, 안양시 등 앞서 시군구 코드를 수정해 주었던 다른 시에도 동일하게 반영되었음을 확인할 수 있다.

77	20230701	수원시 장안구	31011	76	경기도	수원시	0.509
78	20230701	수원시 권선구	31011	76	경기도	수원시	0.509
79	20230701	수원시 팔달구	31011	76	경기도	수원시	0.509
80	20230701	수원시 영통구	31011	76	경기도	수원시	0.509
81	20230701	성남시 수정구	31021	77	경기도	성남시	0.7403
82	20230701	성남시 중원구	31021	77	경기도	성남시	0.7403
83	20230701	성남시 분당구	31021	77	경기도	성남시	0.7403
84	20230701	의정부시	31030	78	경기도	의정부시	0.1031
85	20230701	안양시 만안구	31041	79	경기도	안양시	0.6081
86	20230701	안양시 동안구	31041	79	경기도	안양시	0.6081

6. 분류(Classification)

QGIS의 주요 기능 중 하나인 분류(Classification)는 지리 정보와 결합된 데이터를 시각적으로 표현하는 데 쓰인다. 앞서 결합 기능을 활용하여 편집한 대한민국 시군구 셰이프파일의 경우 각 지역별로 주관적 건강수준 인지율, 인구 십만 명당 정신건강증진기관 수 등의 항목에 대한 수치가 다름을 확인할 수 있다. 분류 기능은 이러한 지역 간의 값의 차이를 설정된 범주에 맞추어 지도에 표현해 주는 기능이다. 예를 들어 지역의 주관적 건강수준 인지율이 0 부터 1 사이의 값을 가질 때, 분류 기준을 0~0.5와 0.5~1.0으로 설정한다면 229개의 시군구는 두 그룹으로 분류된다. 대한민국 시군구 셰이프파일에 여러 가지 분류 방식을 적용해 보면서 각 분류 방식의 특징과 공간적 패턴을 분석해 보자.

(1) 분류(Classification) 방식과 특징

일반적으로 자주 쓰이는 분류 기준은 "**단일 심볼**(Single Symbol)", "**분류값 사용**(Categorized)", "**단계 구분**(Graduated)" 세 가지가

있으며, 이는 필드의 특성과 표현하고자 하는 정보의 특성에 따라 취사선택할 수 있다. 인지율과 같이 숫자 자체가 의미를 가지는 비율변수의 경우에는 보통 색깔의 진하기나 점의 크기를 필드값에 따라 다르게 매겨 주는 **단계 구분**(Graduated) 방법을 쓰며, Graduated에는 다음과 같이 5개의 분류방식이 있다.

가. Map 1: Equal Interval(등간격)

Equal Interval(등간격 분류)는 분류 급간(Class)마다의 구간 길이가 같도록 분류하는 방식이다. 예를 들어서, 0~100의 값을 가지는 데이터를 5개 구간으로 분류할 때, 이 방식은 데이터의 중간 분포와 상관없이 최소값(0)과 최대값(100)을 5개의 동일 길이의 구간으로 나누어(0~20, 20~40, …, 80~100) 분류한다.

아래와 같이, 시군구 레이어의 속성 탭〉 심볼 탭으로 이동하여 분류 방식을 단계 구분으로, **값**(필드 값 지정)을 '**행복역량지수**'로, 단계 구분 방법을 **등간격**으로, 급간을 [5]로 지정한 다음 [분류]를 클릭한다.

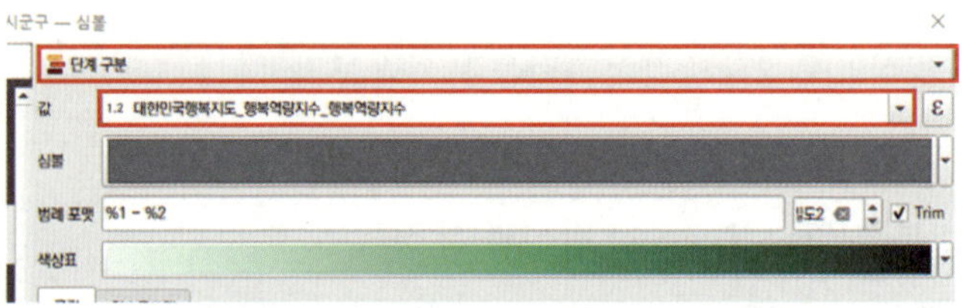

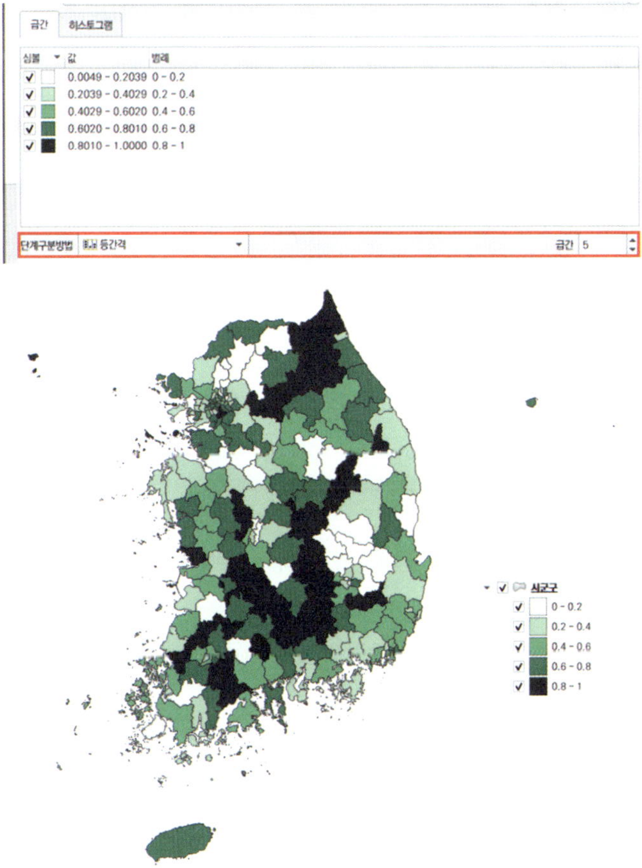

그림 6. Equal Interval 방식으로 분류한 지도

위와 같이 각 구간의 간격이 동일하게 되도록 분류가 된 것을 확인할 수 있다. 한편, 등간격 방식은 극단값에 영향을 많이 받는 특성이 있어 어떠한 데이터의 경우에는 해당 방법을 사용하기가 적절하지 않을 수 있다.

만약 범례에 표기되는 값들의 소수점을 없애고 싶다면, classification 과정에서 범례 포맷(Legend format)의 오른쪽에 위치한 "Trim"에 **체크표시**를 하면 된다. 또한, 범례에 해당하는 숫자를 변경하고 싶다면 직접 각 분류의 범례 값을 더블 클릭하여 변경해 줄 수 있다. 단, 범례 값을 변경하면 실제 각 구간의 값은 변경되지 않고, QGIS상에 나타나는 범례의 숫자만 바뀌게 된다. 만약 실제 구간의 값을 변경하고 싶다면 각 분류의 값 부분을 더블 클릭해서 변경해 주도록 한다. 이는 뒤에서 실습해 볼 다른 분류 기준에도 동일하게 적용된다.

등간격 방식은 사용자가 직접 구간의 시작과 끝을 지정할 수 있다는 점에서 다양한 분석을 가능하게 한다. 예를 들면 가구 당 자가용의 수가 0.9에서 1을 넘어가는 것과 2.9에서 3을 넘어가는 것에는 단순히 1과 3이라는 숫자 이상의 중요한 차이가 있을 수 있다. 이러한 경우에 구간의 시작점이나 끝점을 사용자 혹은 연구자가 직접 설정할 수 있다는 사실은 큰 장점이 된다. 또한 등간격 방식은 연구윤리의 측면에서도 중요한 의미를 가진다. 각 지역별 민감한 데이터를 숫자 그대로 나열하는 경우 지나친 서열화가 야기된다는 비판이 제기되고는 하는데, 각 급간별로 표현할 경우 이러한 문제를 어느 정도 극복할 수 있다.

나. Map 2: Quantile(분위수)

다음으로는 분위수(Quantile)를 기준으로 한 분류를 진행해 보겠다. 아래와 같이 단계 구분 방법만 **등개수**(분위수)로 바꾸고 분류 및 확인을 클릭하여 새로운 분류 기준을 적용시킨다.

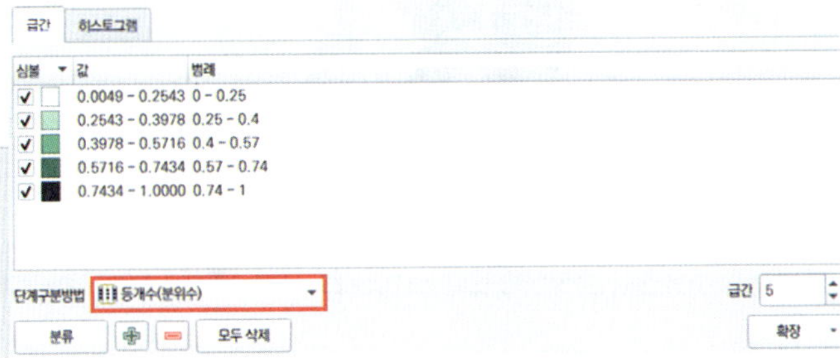

대한민국 229개의 시군구를 5개의 등분위로 나누어 각 구간에 동일한 수의 자치구가 배분되도록 분류가 되었다. 따라서 앞의 등간격 분류와는 반대로 각 구간의 범위에 차이가 생겼음을 확인할 수 있다(1구간의 크기 0.25, 2구간의 크기 0.15 등). 분위수를 적용하는 경우 구간의 범위가 달라지는 대신 각 구간별로 거의 동일한 수의 관측치가 포함된다. 다수의 양적 데이터에서 그 분포가 중앙값이나 평균값에 집중되는 경향이 있기 때문에 이를 단순히 등간격으로 분류할 경우 변량이 뚜렷이 드러나지 않을 수 있다. 분위수를 기준으로 분류를 하는 경우에는 이러한 맹점이 어느 정도 극복되고 차이를 분명히 파악할 수 있을 것이다. 다만 지도에 가시적으로 나타나는 것보다 실제 차이는 적을 수 있으므로 해석에 주의가 필요하다.

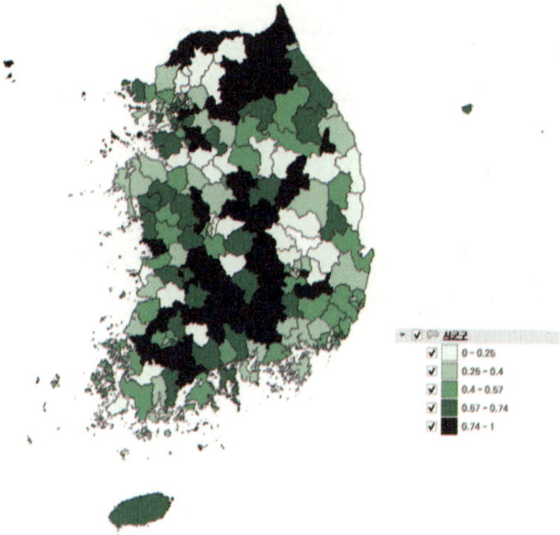

그림 7. Quantile 방식으로 분류한 지도

다. Map 3: Natural Breaks

Natural Break 방법은 Jenks(1967)가 제안한 최적화 기법을 통해 각 구간을 분류하는 방법으로서 각 구간 내의 편차의 합이 가장 작아지도록 가장 자연스럽게 분류해 주는 알고리즘이다. 아래의 그림과 같이 레이어 속성에서 단계 구분 방법만 내추럴 브레이크 (Jenks)로 변경해 준다.

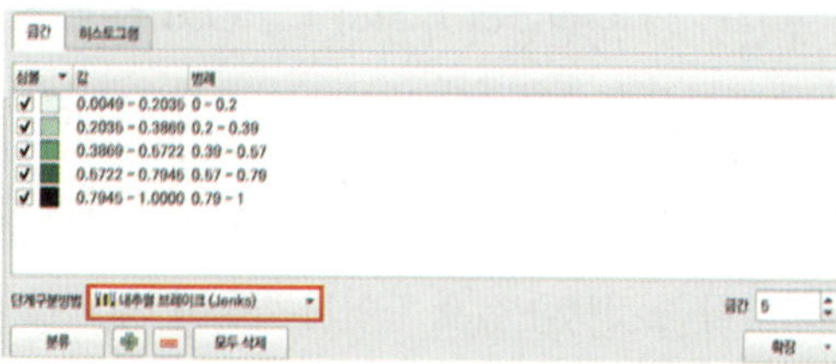

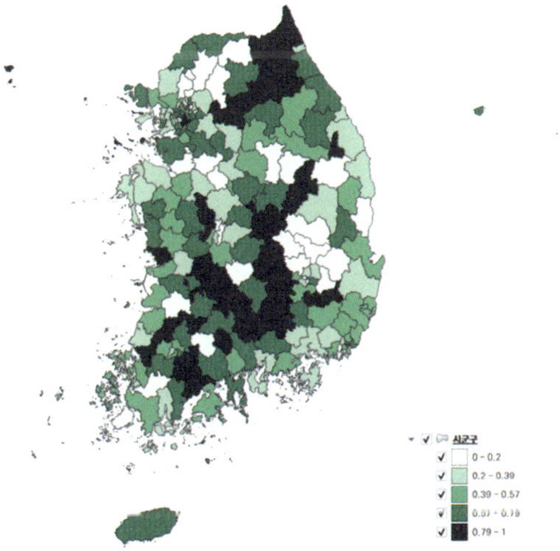

그림 8. Natural Breaks 방법으로 분류한 지도

라. Map 4: Standard Deviation(표준 편차)

특정한 데이터의 알려진 분포가 없을 때 가장 합리적인 추론은 해당 데이터가 정규 분포(Normal Distribution)를 따른다는 가정일 것이다. Standard Deviation 방법은 데이터의 평균과 표준편차에 따라, 마치 정규분포를 표현하듯 구간을 분류하는 방식이다.

단계 구분 방법을 **표준 편차**로 바꾸고 분류하여 평균과 표준편차에 따라 구분되도록 지도를 표현해 본다. 단, 해당 방법은 표준 편차의 배수로 간격이 표현되기 때문에 특정한 분류 개수만을 입력할 수 있다. 따라서 분류 개수를 6으로 설정하여 0.5 표준 편차 단위로 분류되도록 한다. 아래와 같이 히스토그램 탭으로 이동하여 값 불러오기를 클릭하면, 평균 건강 만족도에 대한 분포 히스토그램이 나타나게 되며, 평균(μ)과 표준 편차(σ) 값이 QGIS에서 자동으로 계산되어 제공된다.

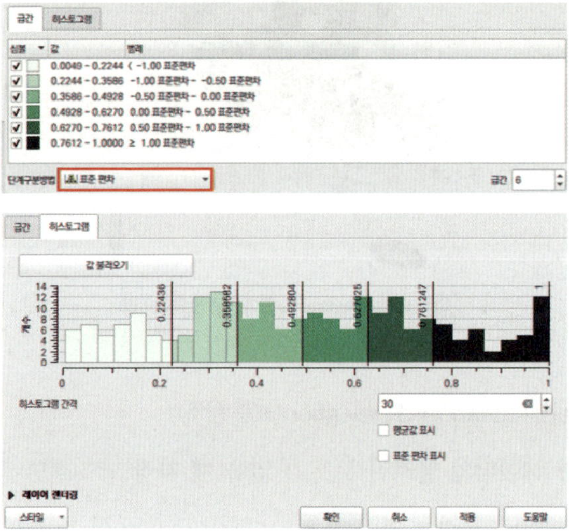

표준편차로 나타내는 방식은 대전제로 정규분포를 가정하는 것이기에 여타 통계적 방법들에서도 그렇듯 관측치의 수가 커지면 더욱 설득력을 얻게 될 것이다. 이는 역으로 관측치의 수가 크지 않다면 표준편차를 활용한 분류가 현상을 정확히 나타내는 방법이 아닐 수도 있음을 내포한다. 따라서 연구자가 가지고 있는 데이터의 성질을 파악하는 과정이 우선적으로 요구된다 하겠다.

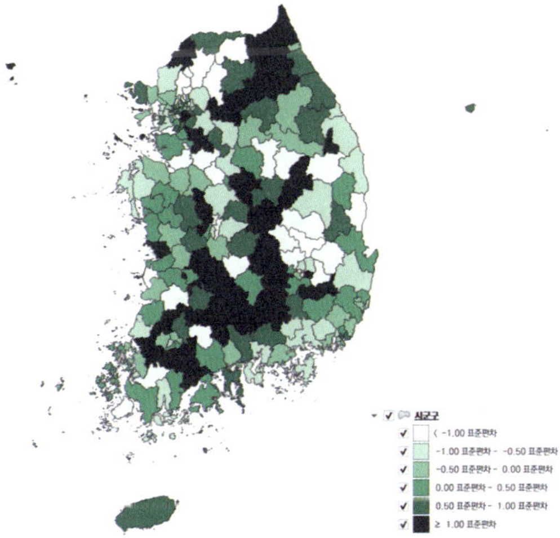

그림 9. Standard Deviation 방식으로 분류한 지도

마. Map 5: Pretty Breaks

구간의 해석을 쉽게 할 수 있도록 특정 단위(ex. 0.1)로 구간을 분류해 주는 방법이다. 프리티 브레이크는 표준 편차 방법과 마찬가지로 특정 분류 구간 개수만 설정할 수 있다. 다음은 0.1 단위로 구간을 나눈 결과이다. 데이터가 최소값과 최대값 범위 내에서 0.1 단위로 나뉘어져 있기 때문에 0.005부터 1까지만 표시되었다.

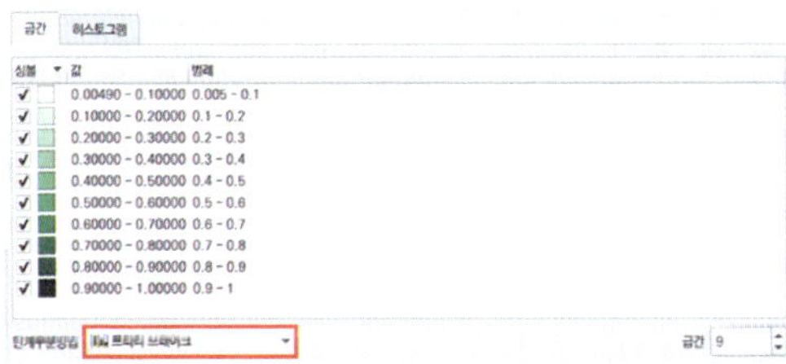

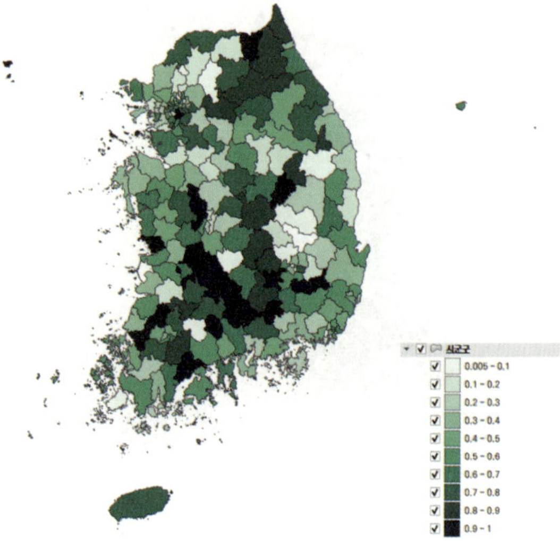

그림 10. Pretty Breaks 방식으로 분류한 지도

프리티 브레이크를 활용할 경우 앞선 방법들에서는 잘 드러나지 않던 세부적인 차이까지 확인할 수 있다. 예컨대 녹지의 지리적 분포를 살펴본다고 했을 때, 주거지역이 밀집한 수도권과 태백산맥을 중심으로 하는 강원도 지역에는 뚜렷한 차이가 있는 반면 수도권 내부나 강원도 지역 내부에서는 눈에 띄는 차이를 발견하기 힘들다. 혹은 광역자치단체의 영향을 크게 받는 경찰력이나 소방인력에 관한 데이터는 기초자치단체별로 큰 차이가 없을 수 있다. 이러한 경우에 분석 수준을 시군구에서 읍, 면, 동 수준으로 낮추는 것도 방법일 수 있으나 프리티 브레이크와 같이 구간을 더 세밀하게 나누게 되면 분석 수준을 낮추지 않고서도 위의 문제들을 해결할 수 있다.

바. Map 6: Manual

마지막 분류 방법은 매뉴얼 방법으로, 사용자가 직접 값의 범위를 지정하여 해당 데이터를 구간에 맞게 분류하는 방법이다. 매뉴얼 방법은 앞에서 소개한 다섯 개의 분류 방법들 중에서 원하는 방법을 이용해 분류를 한 뒤에 분류된 구간의 값을 사용자가 직접 변경하여 재분류를 하는 방법이다. 단계 구분 방법이나 급간을 임의로 지정한 뒤, 값에 해당하는 수치를 더블 클릭하면 직접 원하는 대로 값을 설정할 수 있다. 본 실습에서는 내추럴 브레이크를 이용하여 5구간으로 설정한 뒤 매뉴얼로 값을 수정하였다.

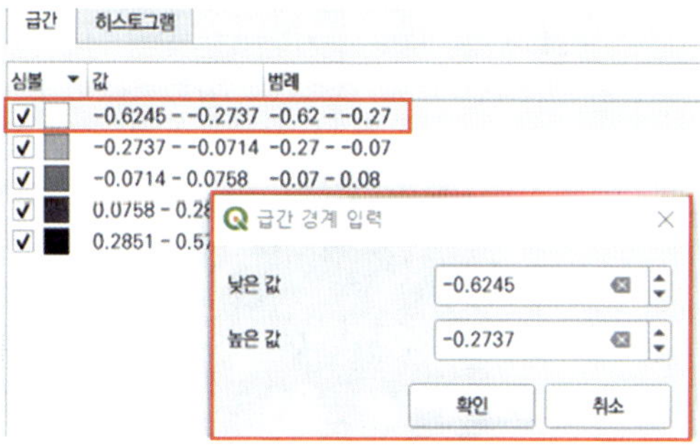

위의 그림처럼 5단계로 분류가 이루어진 상태에서 값을 변경하고자 하는 구간의 값을 더블 클릭하면 낮은 값과 높은 값을 설정할 수 있는 별도의 창(Enter Class Bounds)이 뜬다. 해당 창에서 낮은 값과 높은 값에 원하는 수치를 입력한 뒤, 확인을 누르면 값과 함께 범례 값이 변경되어 있음을 확인할 수 있다. 값을 사용자가 직접 수정할 수 있을 뿐만 아니라, 범례에 표시되는 내용도 사용자가 임의로 변경할 수 있다. 위에서 값을 수정했던 것과 마찬가지로 원하는 구간의 범례 값을 더블 클릭하면 범례를 임의대로 수정할 수 있다.

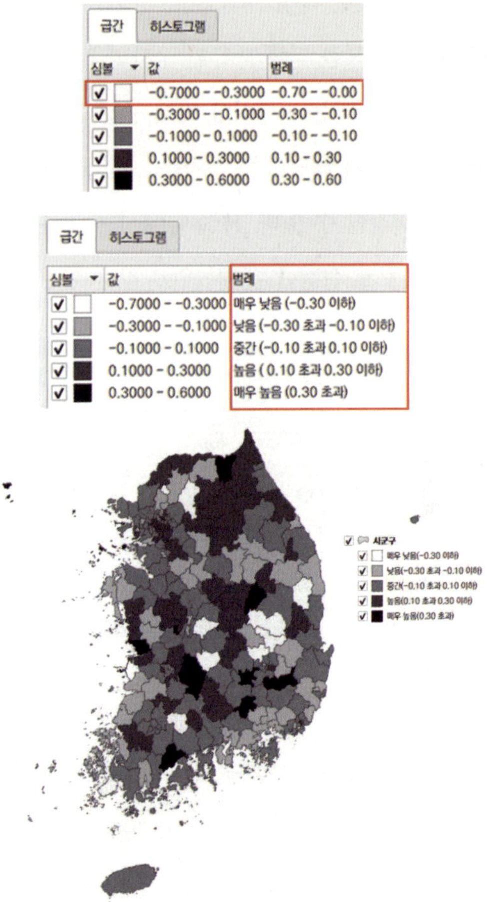

그림 11. Manual 방식으로 범례를 적용한 지도

범례를 수정하면 QGIS 메인 프로젝트 화면의 레이어 창에서도 자동으로 변경되어 적용되고 있음을 확인할 수 있다.

(2) 색상표를 이용한 분류

마지막으로 단계구분 방법을 이용하여 지도를 분류할 때, 색상을 이용하여 이를 표현하는 방법을 알아보도록 한다. **색상표**를 활용하여 QGIS상에서 제시된 기본적인 색상표를 이용하는 것과 임의로 색상을 변경하는 방법에 대해 차례로 실습해 보고자 한다. 우선, 이전의 분류 기준들과 절차는 동일하나, 추가적으로 색상표의 화살표를 눌러서 원하는 색깔의 색상표를 클릭해 본다.

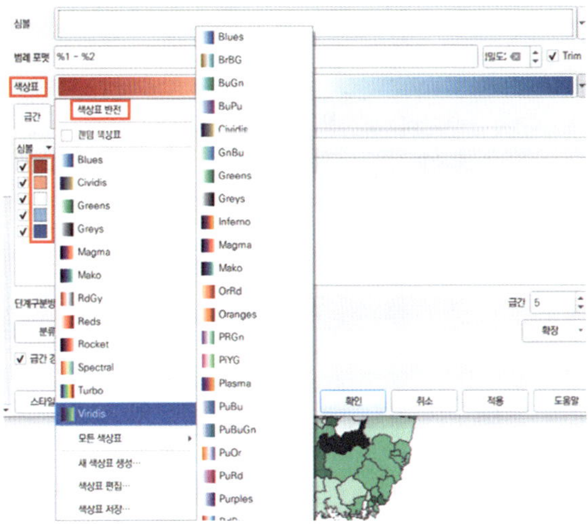

색상표 탭의 화살표를 누르면 QGIS가 기본적으로 제공하는 다양한 색상표들이 나온다. 이 중 원하는 색상표를 누르게 되면

자동으로 각 구간별로 다른 색상이 적용되며, 값이 커질수록 색상은 진해진다. 만약 제시하고 있는 색상의 순서를 바꾸고자 한다면 '**색상표 반전**'을 클릭하면 된다.

특정 구간의 색을 사용자가 원하는 색으로 자유롭게 변경하고 싶다면, 변경하고자 하는 구간의 기호 밑에 있는 네모박스 를 더블 클릭하여 변경할 수 있다. 본 실습에서는 이를 이용하여 (+)값을 갖는 구간은 빨간색 계열로, (-)값을 갖는 구간은 파란색 계열로 나타내 볼 것이다. 네모박스를 더블 클릭하면 아래 그림처럼 '심볼 선택기' 창이 나타나는데, 이를 통해 원하는 색상이나 심볼을 설정할 수 있다.

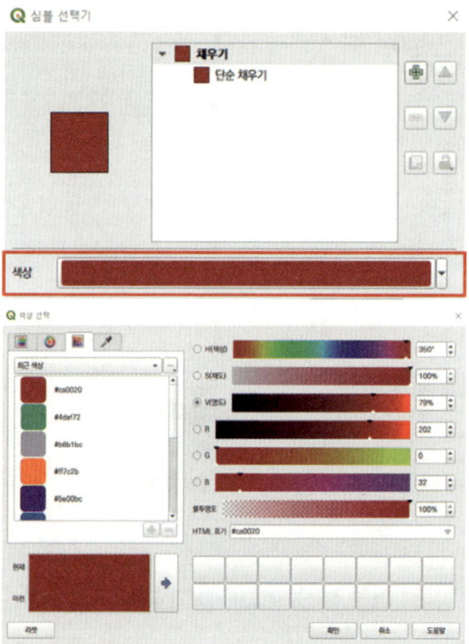

여기서 **색상** 을 클릭하면 좀 더 구체적으로 색상을 변경할 수 있게 되며, 값이 커질수록 더욱 진한 색상을 갖도록 색을 변경해줄 수도 있다. 이를 이용하여 (+)값을 갖는 구간은 빨간색 계열로, (−)값을 갖는 구간은 파란색 계열로 표현해 본 지도는 다음과 같다.[10]

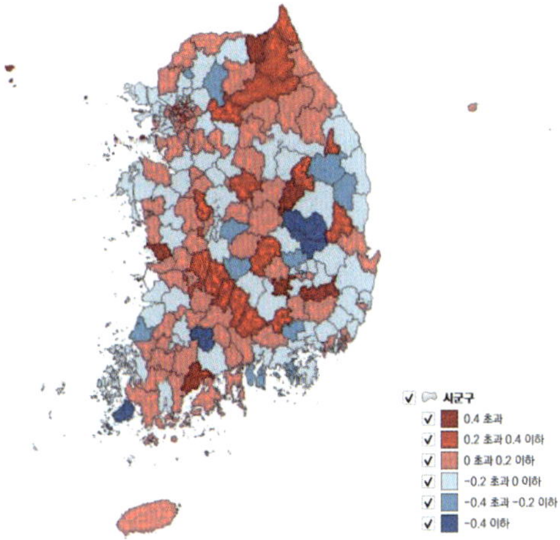

그림 12. 색상표를 이용하여 분류한 지도

10 해당 지도는 '지역역량'을 나타낸 것으로, 구체적인 내용은 이 책의 [응용편]을 참고할 것.

7. 지오프로세싱(Geoprocessing)

책의 서론에서 소개한 바와 같이 GIS에서 다루는 지도 요소는 크게 벡터(Vector)와 래스터(Raster)로 구분할 수 있는데, 벡터 파일은 수학적 좌표 기반의 특성을 가지고 있기 때문에 각 점, 선, 면의 기하학적 (근사) 수식을 바탕으로 여러 형태의 도형 간 계산을 할 수 있다. 지오프로세싱(Geoprocessing, 공간 처리)은 두 벡터 레이어들의 서로 다른 특성에 기반하여 새로운 공간정보와 속성정보를 만드는 과정이다. 지오프로세싱의 기능들은 다음과 같다.

(1) 융해(Dissolve)

융해(Dissolve)는 하나의 레이어 내에서 공통된 필드 값을 가지는 여러 개의 피처를 통합하여 큰 단위의 피처로 만들어 주는 지오프로세싱이다. 예를 들어, 아래의 예시처럼 '동' 단위로 나뉜 셰이프파일에 각 피처별 해당하는 '구'가 필드로 구성되어 있다면, 같은 '구' 값을 공유하는 모든 하위 피처들을 통합하여 '구' 단위의 지도를 제작할 수 있다. 실습을 위한 '동별' 데이터를 확보하는 한

가지 통로로는 결합(Join) 부분의 서두에 소개된 사이트 중 '서울 열린데이터 광장'에 접속하여 '동별' 통계를 검색하는 방법이다. 서울시 인구밀도 (동별) 통계, 서울시 국민기초생활보장 수급자 (동별) 통계 등 다양한 자료들이 있어 융해 기능을 활용해 볼 수 있다. 덧붙여, 전국 동별 데이터를 확보하는 방법으로는 KOSIS에 접

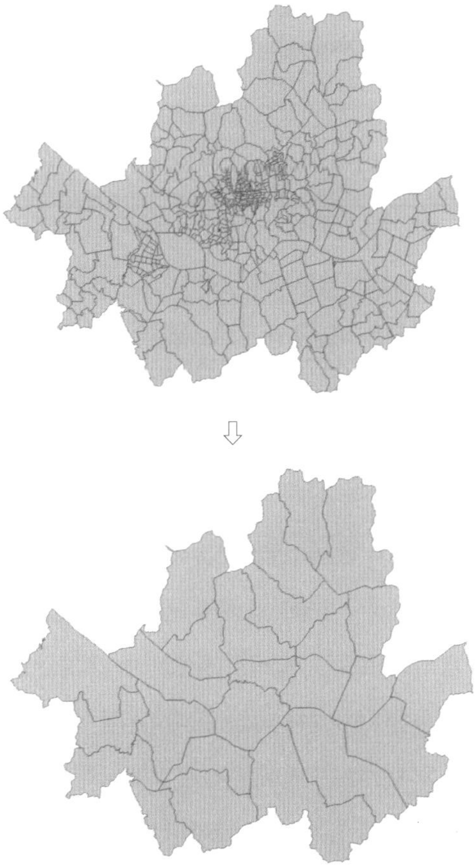

그림 13. 융해를 활용한 결과

속하여 마찬가지로 '동별' 통계를 검색하면 연구자의 기호에 맞는 데이터를 통해 융해 기능을 실습할 수 있다.

(2) 병합(Merge)

병합(Merge)은 여러 레이어를 합쳐 하나의 레이어로 만드는 과정으로 주로 동일한 속성 및 필드 구조를 가지는 하위 요소들을 합할 때 사용한다.

(3) 잘라내기(Clip)

잘라내기(Clip)은 특정 레이어를 다른 레이어의 모양대로 잘라내는 기능으로, 주로 강, 도로, 철도 등의 선형 데이터나 각종 시설의 위치 등 점 데이터를 행정구역 경계로 잘라내는 용도로 많이 이용된다.

(4) 버퍼(Buffer)

버퍼(Buffer)는 특정 레이어의 피처들에 대해 해당 피처로부터 일정 반경 내에 속하는 지역에 대한 폴리곤 데이터를 만들어 주는 기능으로 반경은 이용자가 임의로 선택할 수 있다. 주로 지하철 역세권 분석(지하철역으로부터 500m 이내의 지역 찾기) 등에 이용한다. 버퍼기능을 보여주는 예로, 서울시 녹지지역 위치정보(좌표계: WGS84)를 이용하여 녹지지역으로부터 500m 이내의 지역을 나타내 보았다.

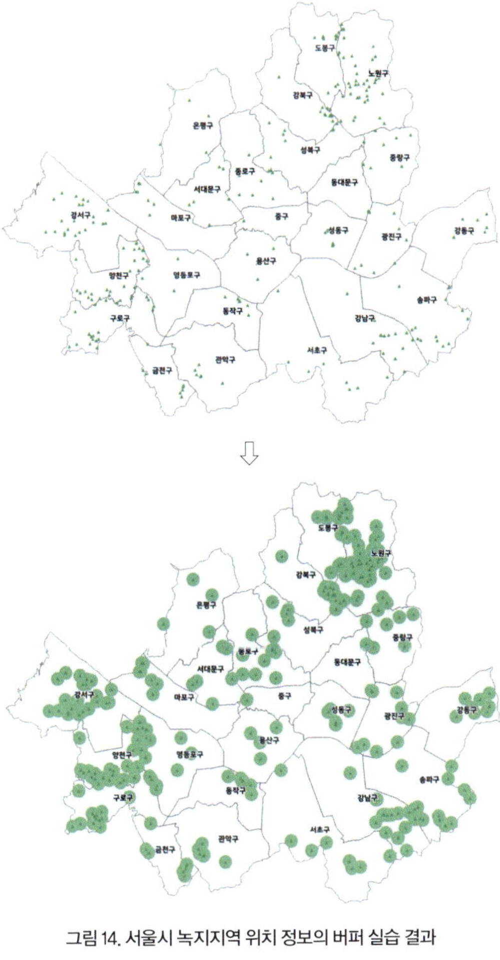

그림 14. 서울시 녹지지역 위치 정보의 버퍼 실습 결과

위쪽 지도는 녹지지역의 위치(포인트)를 표시한 것이며, 버퍼기능을 이용하여 녹지지역 위치로부터 500m 거리 안에 있는 지역을 나타낸 지도는 아래쪽과 같다. 버퍼 기능을 활용하기 위해서는

'좌표계'가 삽입된 데이터들이 필요하다. '서울 열린데이터 광장'에 접속하여 '좌표계'를 검색하면 예시로 활용한 '녹지지역 위치'나 '서울시 공공와이파이 위치정보', '서울시 장애인 시설 현황' 등 다양한 자료들을 찾아 실습해 볼 수 있다.

(5) 교차(Intersection)

교차(Intersection)는 2개 이상의 레이어를 입력하여 해당 레이어들이 겹치는 부분만을 추출하여 새로운 레이어로 만들어 주는 기능이다. 앞서 실습한 잘라내기와 유사한 측면이 있으나, 잘라내기의 경우에는 잘리는 기준이 되는 Overlay Layer의 필드나 속성값이 잘리는 레이어인 Input Layer에 전혀 영향을 미치지 않는 반면 교차의 경우 Overlay Layer의 속성이 잘리는(교차하는) 레이어에 추가된다는 차이점이 있다.

(6) 통합(Union)

통합(Union)은 2개 이상의 레이어를 입력하여 해당 레이어를 공간적으로 합치는 기능이다. 병합(Merge)과 유사하지만, 병합은 교집합에 대한 정보를 보존하지 않는 반면 통합은 교집합에 대한 정보를 보존한다. 즉, 아래와 같이 1, 2, 3번 레이어(각각의 레이어는 1개의 피처로 이루어짐)를 병합하면 3개의 피처가 생성되지만, 통합하면 7개의 피처가 생성되고, 교집합의 결과물이 되는 피처는 각 원본 레이어들의 모든 정보를 담고 있다. 실습을 위한 다양한 방법이 있겠으나 가이드를 제시한다면 공공데이터 포털에서 위도와 경도가 포함된 '전국어린이보호구역 표준데이터'와 '도로교통공단_교통사고 정보'를 다운받아 활용하는 것이다. 본 기능을 활용하여 데이터의 중첩지역만을 추출하거나 원본 정보를 모두 담고 있는 지도를 생성할 수 있을 것이다.

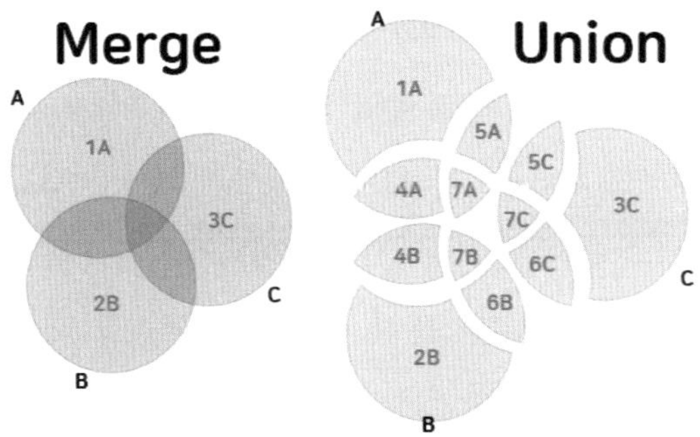

그림15. 병합(merge)과 통합의 차이

8. 통계적 공간분석

공간 데이터를 분석하는 방법은 크게 시각화(visualization)와 통계분석으로 나눌 수 있다. 이제까지 설명한 지도 만들기(mapping) 등을 통해 시각적으로 데이터의 지리적 분포를 확인할 수도 있는가 하면 수치를 분석하여 지리적 분포 및 특성을 파악할 수도 있다. 일반적으로 시각화의 경우 큰 틀에서 데이터의 분포를 한 눈에 파악하기 용이하다는 특징이 있는 반면 통계분석을 활용할 경우 보다 엄밀하고 신뢰할 수 있는(reliable) 결과를 도출해낼 수 있다.

특정한 공간에서 발생하는 현상을 통계적으로 분석할 때에는 반드시 공간적 자기상관성(Spatial Autocorrelation)을 염두에 두어야 한다. 한 현상이 영향(impact)을 미칠 수 있는 공간적 범위가 한정적이기 때문이다. 우리의 일상 속에서도 경기도나 충청도 일부에서 서울로 출근하는 사람은 어렵지 않게 볼 수 있으나 경상도나 제주도 등에서 매일같이 서울로 출근하는 사람은 많지 않다. 이는 다시 말해 서울에 위치한 회사의 경제적 영향이 공간적으로 한정되어 있다는 것을 의미한다. 이처럼 공간분석을 실시할 때에는 공간적 자기상관성을 염두에 두어야 올바르게 과학적 추론을 할 수 있다.

(1) 전역적 공간 상관성(Global Spatial Autocorrelation): Moran's I

공간적 자기상관성(Spatial Autocorrelation)을 측정할 때에는 Moran's I라는 통계치가 가장 많이 사용된다. 이 지표는 모란(Moran)이라는 학자가 처음 제시하였으며(Moran, 1948) 이후 클리프와 오드(Cliff & Ord, 1973)에 의해 일반화되었다(Anselin, 2020). 대다수의 통계분석이 귀무가설에 대한 검정을 실시하듯 공간적 자기상관성을 측정할 때에도 완전한 공간적 임의성(Complete Spatial Randomness, CSR)을 상정하고 실제 현상이 이 임의성과 얼마나 다른지를 통계적으로 판단한다.

공간적 자기상관성이란, 말 그대로 인접한 두 지역이 비슷한 경향을 보이면 공간적 자기상관성이 높은 것이다. 즉, 연구하고자 하는 공간의 전체 평균에 비해 인접한 두 지역의 값이 모두 높거나 모두 낮다면 공간적 자기상관성이 높다고 볼 수 있으며 반대로 한 지역은 높고 다른 한 지역은 낮다면 공간적 자기상관성이 낮다고 볼 수 있다. 이를 수식으로 표현하면 아래와 같다

$$I = \frac{\sum_i \sum_j w_{ij}(x_i - \bar{x})(x_j - \bar{x}) \,/\, \sum_i \sum_j w_{ij}}{\sum_i (x_i - \bar{x})^2 / n}$$

이때 i와 j는 각각 서로 다른 두 지역을 의미하고 w_{ij}는 지역과 지역이 서로 인접하면 1, 인접하지 않는다면 0의 값을 가지는 가중치이다. 위의 수식에서는 분자에 주요한 정보들이 담겨 있다. 서로 인접한(w_{ij}=1) i지역과 j지역의 값이 모두 전체 평균보다 높거나 모두 낮다면 분자는 0보다 커지고($(x_i - \bar{x})\ x_j - \bar{x}\ > 0$), 반대로 한 곳은 높고 다른 한 곳은 낮다면 분자가 0보다 작아진다($(x_i - \bar{x})\ x_j - \bar{x}\ < 0$). Moran's I는 -1에서 1 사이의 값을 가지는데, 0에 가까울수록 임의적으로 분포한다(CSR)는 의미이다. 이 값이 1에 가깝다면 특정 현상이 군집(clustered)하여 발생한다는 것을 뜻한다. 반대로 -1에 가깝다면 한 지역에는 높은 값이 있고 그 주변을 낮은 값들이 둘러싸고 있는 모습으로 마치 체스판과 비슷한 모양이 될 것이다(단, 이러한 분포가 임의성과 반대되는 현상임에 주의하자).

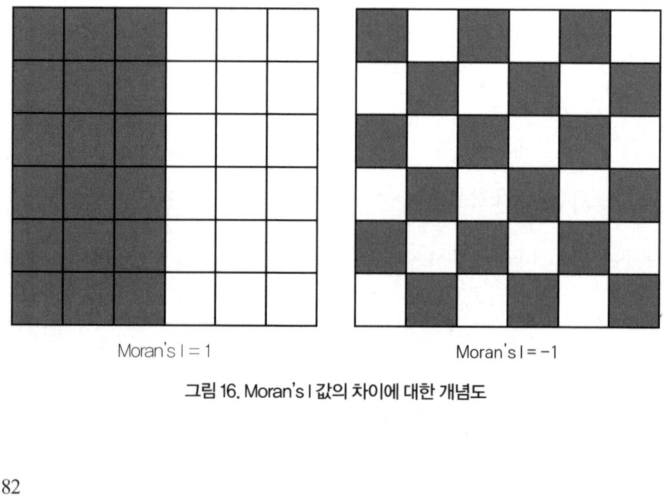

그림 16. Moran's I 값의 차이에 대한 개념도

아쉽게도 QGIS는 자체적으로 통계분석을 위한 패키지나 프로그램을 제공하고 있지는 않다. 다만, QGIS의 메뉴바에 있는 '플러그인' 메뉴를 통해 각종 통계분석을 위한 별도의 플러그인들을 다운로드하여 사용할 수 있다. QGIS창 상단의 메뉴바에서 '플러그인'을 선택하면 각종 통계분석을 위한 플러그인을 설치할 수 있는데, 'Hotspot Analysis'라는 플러그인이 우리가 실시하고자 하는 공간적 자기상관성 분석에 도움이 되는 분석 툴을 제공한다. 그러나 해당 플러그인은 아직 공식적으로 인정을 받지는 못한 실험적 플러그인(experimental plug-in)이므로 이 책에서 논하기에는 부적절한 면이 있는 것으로 판단하여 다른 공간분석 프로그램인 GeoDa를 통해 공간분석을 실습해 보는 것으로 대체하고자 한다.

GeoDa는 아리조나 대학의 Luc Anselin 교수와 그의 연구팀이 만든 공간 분석 프로그램이다. QGIS에서 보다 다양한 시각적 맵핑이 가능하다면, GeoDa에서는 보다 손쉽게 공간통계 분석을 수행할 수 있다. GeoDa는 https://geodacenter.github.io에서 다운받을 수 있다. GeoDa를 이용해 공간 통계 분석을 실시할 때에도 QGIS와 마찬가지로 .shp파일과 .dbf, .shx파일이 필요하다. GeoDa 실습을 위하여 이번에는 삶의 만족도 데이터를 활용할 것이며, 삶의 만족도 데이터는 위에서 실습한 행복역량지수와 마찬가지로 www.happykorea.re.kr 사이트에 접속한 뒤, '2019 행복지도 ⇒ 삶의 만족도 ⇒ 엑셀다운로드'를 통해 다운로드 가능하다. 위에서 다운받은 시군구 데이터와 삶의 만족도 데이터를 결합하여 GeoDa 실습용 데이터를 만들어 낼 수 있다(GeoDa를 통해서도 데이터 간 결합이 가능하지만 이 책의 범위는 넘어가니 자세한 내용은 생략하도록 하겠다). 두 데이터를 결합할 때는 앞서 실습한 QGIS의 결합기능을 활용할 수 있다.

	POLY_ID	BASE_DATE	IGUNGU_CD	;IGUNGU_NM	OBJECTID	lifsat
196	196	20200630	11010	종로구	196	0.443700
197	197	20200630	11020	중구	197	0.497600
168	168	20200630	11030	용산구	168	0.616100
117	117	20200630	11040	성동구	117	0.472900
32	32	20200630	11050	광진구	32	0.404100

Moran's I를 구하기 위해서는 우선 가중치(weight)를 설정해 주어야 한다. 공간 통계에서 가중치는 예를 들면 단순히 1(이웃함)과 0(이웃하지 않음)으로 구분되는 변수로, 이것을 어떻게 설정할지에 따라 결과가 많이 달라진다. 가중치는 인접성 가중치(contiguity weight), 거리 가중치(distance weight), 이웃 지점의 개수에 따른 가중치(K-nearest weight)로 크게 나눌 수 있다. 우선 인접성 가중치(contiguity weight)는 두 지역이 지리적으로 인접한지를 기준으로 이웃을 판단하는 방법이다. 이 방법은 다시 ROOK 방법과 QUEEN 방법으로 나눌 수 있는데, 체스판에서 룩과 퀸이 움직이는 방식을 생각하면 이해하기 수월하다. ROOK 방법은 두 지역의 경계가 선의 형태로 인접한 경우만을 이웃으로 인식하는 방법이고 QUEEN 방법은 경계가 선인 경우와 점인 경우 모두를 이웃으로 인식하는 방법이다. 거리 가중치(distance weight)는 각 지역의 중심점(centroid) 사이의 거리를 중심으로 이웃을 구분하

는 방법이다. 이 방법에서는 임계거리를 설정하여 두 지역의 중심점 사이의 거리가 임계거리보다 짧다면 이웃으로, 길다면 이웃이 아닌 것으로 판단하게 된다(유송희, 2019). 이웃 지점의 개수에 따른 가중치(K-nearest weight)는 거리 가중치와 마찬가지로 중심점 사이의 거리를 기준으로 이웃 여부를 판단하는데, 이때 임계거리를 설정하는 것이 아니라 가장 가까운 K개의 지역을 이웃으로 판단하는 방법이다. 모든 방법이 각각의 이점과 한계점을 가지고 있으며 연구 주제나 데이터의 형태, 지리적의 구성(섬의 여부 등) 등에 따라 적용하게 된 가중치가 달리지게 된다.

이번 실습에서는 가장 빈번히 사용되는 인접성 가중치(contiguity weight)를 적용하여 공간 통계 분석을 시연해 볼 것이다. 가중치를 적용하기 위해서는 우선 GeoDa에서 셰이프파일(shp)을 불러와야 한다. 이후 메인 메뉴에서 'Tool' ⇒ 'Weight Manager' ⇒ 'Create'로 들어가면 다음과 같은 창이 나타난다.

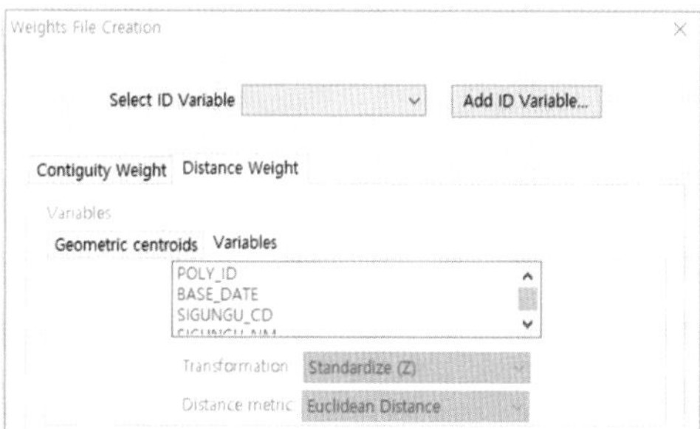

Weight File Creation 창에서 ID Variablc로 SIGUNGU_CD

를 선택한 후 아래의 Contiguity Weight에 들어가 QUEEN 방법을 체크해 준다. 이 상태로 Create 버튼을 클릭하면 .gal이라는 파일 형식으로 가중치를 만들 수 있다.

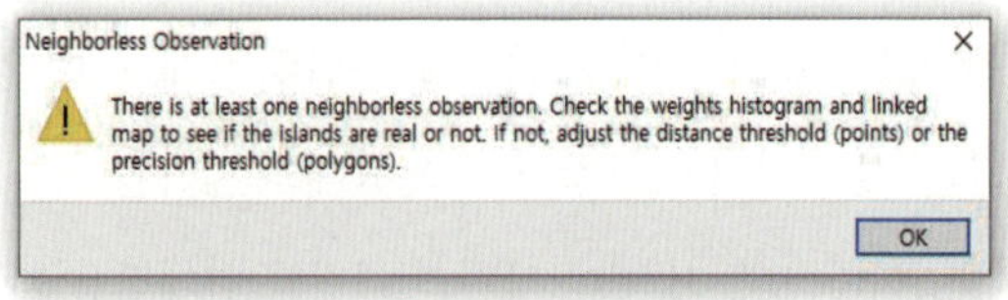

경우에 따라 위와 같은 경고창이 뜨기도 하는데, 섬 지역과 같이 인접한 지역이 없는 케이스가 있다는 것을 알려주는 내용이다. 우리나라 시군구 중 울릉군의 경우 지리적으로 인접한 지역이 없는 섬 지역이므로 가중치를 부여할 수 없고 따라서 Moran's I를 계산하는 과정에서는 생략된다.

이후 메인 메뉴의 'Space' ⇒ 'Univariate Moran's I'를 클릭하거나 메인 메뉴에 있는 Moran Scatter Plot 버튼을 클릭하여 Univariate Moran's I를 선택하면 아래와 같은 창이 나타난다.

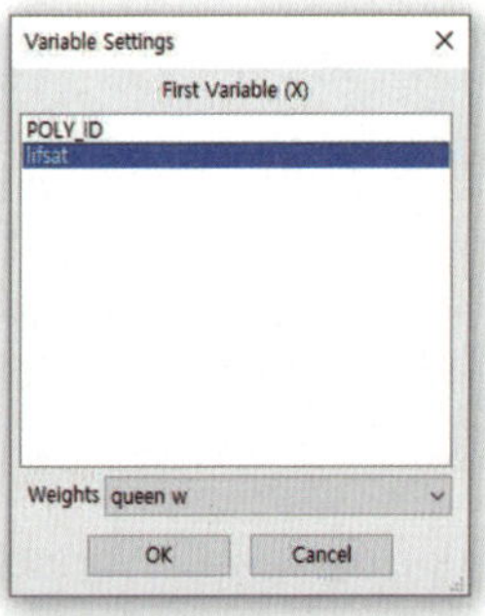

우리가 분석하고자 하는 삶의 만족도 변수(lifsat)를 선택하고 이전에 만들어 둔 가중치를 설정하여 OK 버튼을 누르면 Moran's I 값을 구할 수 있다. 이전에 설명한 것처럼 울릉군과 같이 인접한 지역이 없는 경우는 분석에서 제외할지 묻는 창이 나타날 수도 있는데 마찬가지로 '예(Y)'를 클릭하고 넘어가도록 하자.

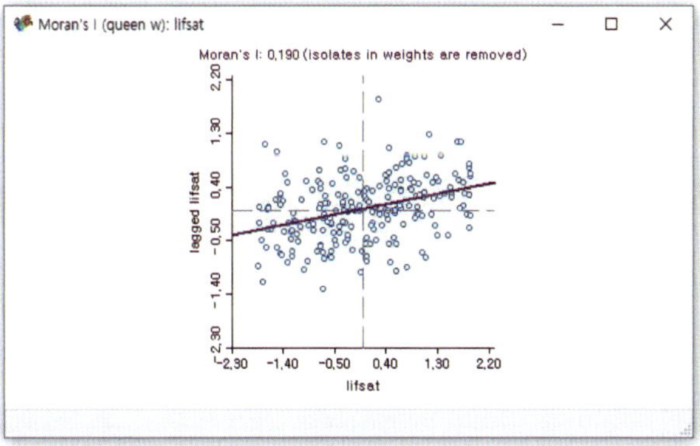

이러한 과정을 통해 Moran's I를 구하면 위의 그림과 같이 산포도(Scatter plot)와 함께 Moran's I 값이 나타난다. 앞서 설명했듯이 고립된 지역은 분석에서 제외되었다는 설명이 덧붙여져 있고 분석에 사용된 가중치(예제에서는 'queen w'란 이름으로 저장함)와 함께 0.190이라는 Moran's I 값을 확인할 수 있다. 이를 해석해 보자면 우리나라 시군구별 삶의 만족도 수준은 공간적으로 양의 자기상관성을 가지고 있으나 그 정도가 그렇게 크지는 않다는 것을 확인할 수 있다.

(2) 국지적 공간 상관성(Local Spatial Autocorrelation): LISA–Local Moran's I

Moran's I를 비롯한 전역적 공간 통계는 모든 지역을 포괄하여 분석을 실시하기에 연구의 큰 그림을 제공해 준다는 의의가 있다. 이제까지 확인한 것처럼 하나의 데이터(혹은 하나의 지도)에서는 하나의 Moran's I 값이 도출된다. 그러나 Moran's I 통계치는 연구하고자 하는 사회 현상이 전반적인 공간 상관성을 가지고 있는지를 알려줄 뿐 어느 지역에 어떠한 패턴으로 공간 상관성이 존재하는지에 대한 정보는 제공하지는 않는다. 이러한 한계점을 극복하고자 소개된 것이 공간 상관성의 국지적 지표(Local Indicator of Spatial Association), 즉 LISA이다(Anselin, 1995). LISA가 특정한 식이나 모형을 의미하는 것이 아니라 국지적 공간 상관성을 파악하는 방법론 전반을 의미하는 것이므로 각각의 공간 통계에 상응하는 LISA가 존재한다. 이 책에서는 Moran's I의 LISA에 해당하는 Local Moran's I를 도출하는 방법에 대해 알아보도록 할 것이다.

$$I_i = \frac{\sum_j w_{ij}(x_i - \bar{x})(x_j - \bar{x})}{\sum_i (x_i - \bar{x})^2}$$

Local Moran's I를 수학적으로 표현하면 위와 같다. 앞서 설명한 Moran's I의 수식과 거의 형태가 같으나 가장 두드러지게 다른 점은 I에 첨자 i가 붙어 있다는 점이다. 즉, Moran's I가 데이터(혹은 지도) 전반의 특징을 설명하는 통계치라면 Local Moran's I는 i지역의 입장에서 주변 지역과의 관계가 어떻게 되는지를 파악하는 통계치라는 것이다. 예제를 통해 풀어 설명하자면 Moran's I를 통해서는 우리나라 시군구 수준에서 삶의 만족도가 전반적으로 어떠한 패턴으로 분포하는지를 파악할 수 있는 반면 Local Moran's I를 통해서는 서울특별시 종로구나 경기도 성남시의 삶의 만족도가 이웃 지역과 얼마나 비슷한지 혹은 다른지를 파악할 수 있다는 것이다.

GeoDa에서 Local Moran's I 값을 도출하기 위한 기본적인 세팅은 Moran's I를 도출할 때와 같다. 셰이프파일(shp)을 불러온 후 Tool 메뉴의 Weight Manager를 통해 가중치를 설정해 준다. 이후 Space 메뉴에서 Univariate Local Moran's I를 선택하거나 메인 메뉴의 Cluster Maps 버튼을 클릭하여 분석을 실시할 수 있다. Moran's I를 분석할 때 마주친 Variable Settings를 완료해 주면 아래의 그림과 같이 어떠한 지도를 구현할 것인지 묻는 창이 나타난다.

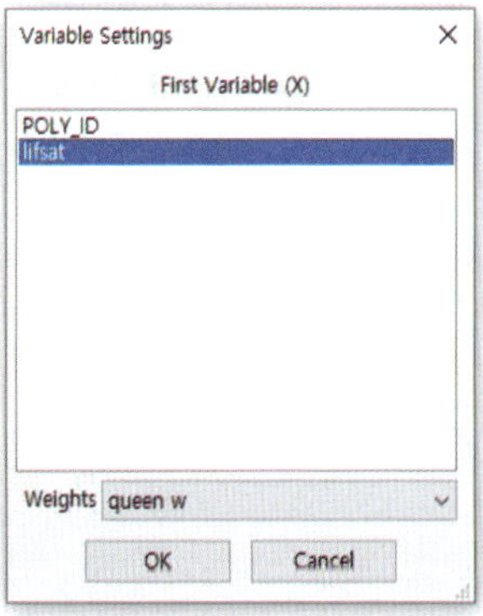

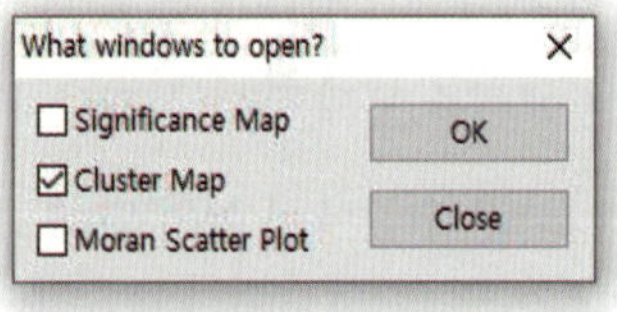

여기서 Moran Scatter Plot은 위에서 Moran's I를 구할 때 사용했던 산포도를 의미하고, Cluster Map은 실제로 클러스터들이 어느 위치에 어떠한 패턴으로 분포하는지, Significance Map은 각 지역의 Local Moran's I가 통계적으로 얼마나 유의미한지를 나타내는 지도이다.

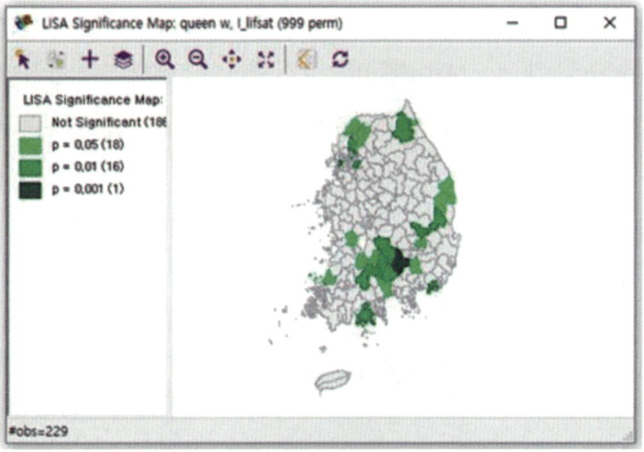

Significance Map

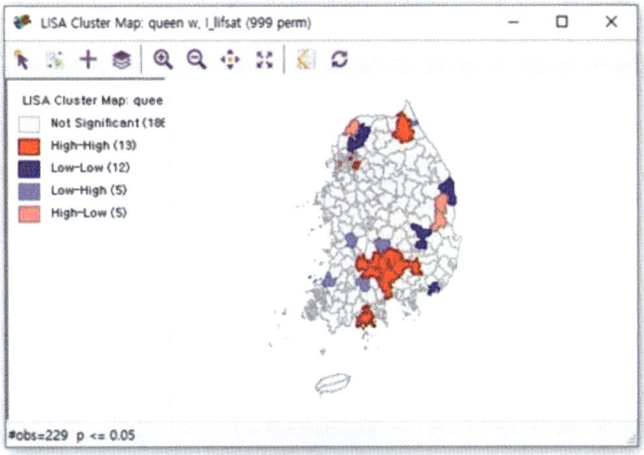

Cluster Map

실제 우리나라 시군구의 삶의 만족도 데이터를 통해 Local Moran's I를 도출해 보면 위의 그림과 같은 Cluster Map과 Significance Map이 나타난다. Significance Map의 경우 진한 녹색일수록 Local Moran's I값이 통계적으로 유의미하다는 의미이다. 그러나 Cluster Map을 해석하고자 할 때는 주의가 필요하다. 지도 옆의 범례에도 나타나 있듯 Local Moran's I는 크게 4개의 카테고리로 구분된다. 대상 지역(i)과 이웃 지역(j)의 값이 모두 높은 High-High(hot spot), 대상 지역과 이웃 지역의 값이 모두 낮은 Low-Low(cold spot), 대상 지역은 높지만 이웃 지역은 낮은 High-Low, 대상 지역은 낮으나 이웃 지역은 높은 Low-High가 그것이다. 이렇게 4개의 카테고리를 기준으로 보았을 때 소백산맥을 중심으로 하는 경상도와 전라도 접경지대의 일부 지역, 그리고 강원도 동해안의 일부 지역에는 삶의 만족도의 hot spot이 형성되어 있으며, 반대로 경기도 북부와 경상북도 일부 지역은 cold spot이 형성되어 있다는 것을 확인할 수 있다. 또 전라도의 평야지역 일부의 경우 이웃 지역에 비해 낮은 삶의 만족도를 보이는 곳이 다수 존재하며 반대로 경북 내륙에는 이웃 지역에 비해 삶의 만족도가 높은 지역이 존재한다고도 볼 수 있다.

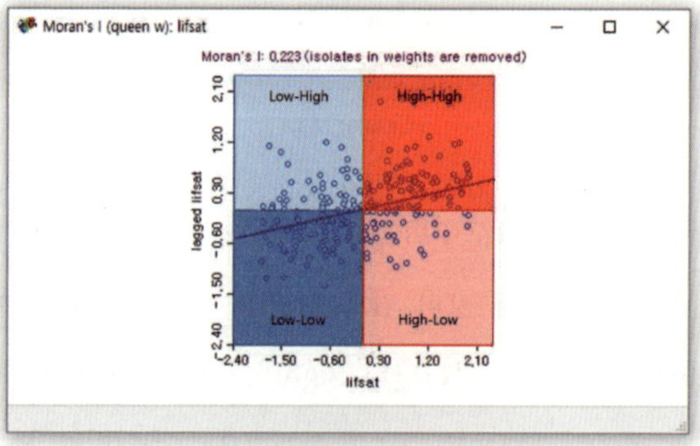

Moran Scatter Plot

이러한 결과를 Moran Scatter Plot과 연계하여 설명하자면, 위의 그림처럼 각 지역과 그 이웃 지역의 Moran's I 값에 따라 4가지 카테고리로 구분할 수 있고, 그중 통계적으로 유의미한 값들이 위의 Cluster Map에 나타나는 것이다.

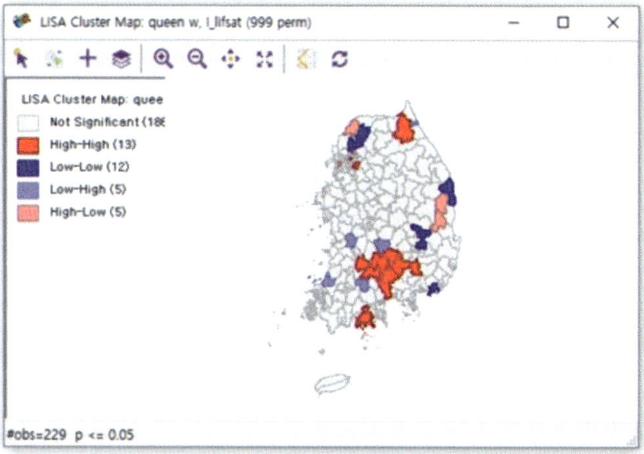

Cluster Map

Local Moran's I 분석을 통해 형성한 Cluster Map과 실제 삶의 만족도의 분포를 비교해 보아도 High-High의 경우 삶의 만족도가 높은 지역들이 밀집한 구역을 나타내며 반대로 Low-Low의 경우 삶의 만족도가 낮은 지역들이 밀집한 구역을 나타냄을 알 수 있다. 참고로 Cluster Map과 Significance Map, Moran Scatter Plot, 삶의 만족도 분포와 같은 원본 지도 등 GeoDa를 통해 만들어 낸 모든 지도들은 서로 연계가 가능하다. 예컨대 Cluster Map의 범례 중 High-High 카테고리 옆에 있는 빨간색 네모 박스를 클릭하면 Significance Map이나 Moran Scatter Plot, 원본 지도 모두에서 그 지역이 어디인지 강조되어 나타난다.

응용편: QGIS를 활용한 사회과학 연구*

들어가기 전에

QGIS 초심자의 입장에서 매뉴얼을 따라 이것저것 시도해 보면 정말 다양한 것들을 보여 줄 수 있을 것 같다는 기대감과 설렘이 찾아올 수도 있다. 하지만 잠시 생각을 가다듬어 보자. 본인이 보여주고자 하는 시각화된 지도가 'So What?'이라는 함정을 비껴 갈 수 있을지.

사회과학의 영역에서 연구수단을 활용함에는 분명한 이유가 필요하다. 그래야만 '할 줄 아는' 단순 매뉴얼 따라하기 및 보여 주기를 넘어 '연구에 활용'할 줄 아는 영역으로 들어갈 수 있다. 아래

* 앞서 설명했듯이 이 책에서 사용한 국가공간정보포털의 행정경계 데이터의 현재 버전에는 오류가 있어 청주시와 완주군의 일부 지역이 제대로 융해가 이루어지지 않았음을 다시 한 번 밝힌다.

이 장은 구교준·이희철·김지원·박차늠의 연구 '주관적 행복과 객관적 삶의 질 차이의 지역분포 분석: 지역역량(regional capability)의 관점에서'(2020, 정부학연구. 26(1):161-182)의 내용을 요약·발췌하여 [QGIS 응용편] 형식에 맞게 편집한 내용이다. 연구의 보다 자세한 내용은 원문을 찾아 확인하기 바란다.

에서 소개할 연구는 연구가설의 기본인 '차이가 있을 것이다'로 시작된다. 연구과정에 활용된 QGIS는 차이의 지리적 패턴에 대해 연구자가 해석할 수 있는 '그림'을 제공함으로써 빛나기 시작한다. 소개된 연구를 통해, 연구 질문을 해결하기 위해 필요한 지도를 도출하여 이유를 추론하고 함의를 도출하는 과정에 자연스레 녹아든 QGIS를 느껴 보자.

1. 연구 개요

**주관적 행복과 객관적 삶의 질 차이의 지역분포 분석:
지역역량(regional capability)의 관점에서**

행복 연구에 있어 객관적 삶의 질에 초점을 맞추는 접근은 물리적 조건이 주관적 행복으로 연결될 수 있다는 점을 전제로 한다. 즉 효용이론이 효용을 소비의 함수로 설정하고 소비 행태를 통해 효용을 분석하듯이, 이러한 접근은 주관적 행복을 물리적 조건의 함수로 가정하는 것이다. 그러나 이러한 가정은 현실과 상당한 괴리가 존재한다. 행복을 측정하는 다양한 지수들을 살펴보면 주관적 지표 중심의 지수와 객관적 지표 중심의 지수 간에는 상당한 괴리가 존재함을 알 수 있다. 예를 들어 Veenhoven(2000)은 객관적인 진료기록상으로 의사가 건강하다는 판단을 내린 사람도 주관적으로는 자신의 건강 상태가 좋지 않다고 느낄 수 있다는 사례를 들어 주관지표와 객관지표 간의 괴리 가능성을 지적한다. 또한 국가 수준에서도 객관적 지표 중심의 대표 지수라고 할 수 있는 'Human Development Index'의 2019년 평가에서 우리나라는 상위권인 22위에 랭크되었지만, 주관적 지표 중심의 대표 지수인 'World Happiness Index'에서는 중하위권인 54위에 머물러 있다.

물리적 조건과 주관적 행복 사이에 괴리가 존재할 수 있다는 사실은 물리적 환경을 향상시켜 주민의 후생을 증진시키려는 접근을 하고 있는 대다수 지방정부의 전략을 고려할 때 정책적 측면에서 중요한 함의를 가진다. 주민의 주관적 행복감을 증진시키는 데 한계가 있는 물리적 조건에 대한 투자라면 그러한 투자가 가지는 가치가 무엇이냐는 질문에 직면할 수 있기 때문이다. 특히 물리적 조건과 주관저 행복 사이의 상관관계가 소득이나 성별 등 주민의 특성에 따라 달라지고 물리적 조건과 주관적 행복 간의 괴리가 특정 집단이 물리적 조건의 혜택을 받는데 소외되어 나타나는 현상이라면 그 문제는 더 심각해지기 때문이다.

본 연구는 이러한 문제의식을 바탕으로 기초자치단체 수준에서 지역의 물리적 환경이 주관적 행복으로 전환되는 메커니즘인 지역역량(regional capability)에 주목한다. 지역역량은 지역에 거주하는 개인들이 지역의 물리적 환경이 제공하는 가능성을 주관적 행복 증진을 위해 얼마나 효과적으로 전환할 수 있는지를 의미한다. 지역역량이 지역의 물리적 환경이 주민의 주관적 행복으로 전환되는 메커니즘으로 정의되면, 이는 많은 지방정부들에게 매우 중요한 의미를 가진다. 동일한 물리적 투자를 하더라도 지역역량에 따라 주민의 주관적 행복에 미치는 영향은 달라질 수 있기 때문이다. 주민의 행복 증진을 위해 지방정부는 단순한 물리적 환경에 대한 투자뿐 아니라 이를 어떻게 주민 행복으로 효과적으로 전환시킬 수 있을지를 동시에 고민해야 한다. 본 연구에서는 지역역량을 정의하고 전국의 기초자치단체 수준에서 지역역량의 분포를 살펴본 후, 이를 바탕으로 행복한 지역을 만들기 위한 정책적 함의를 고찰해 보고자 한다.

2. 객관적 삶의 질, 주관적 행복, 그리고 지역역량

연구 개요에서 언급한 대로 객관적 물리적 환경과 주관적 행복의 불일치 현상이 가지는 패턴과 메커니즘을 이해하는 것은 이론적으로 뿐만 아니라 정책적으로 매우 중요한 함의를 가진다. 지방자치가 뿌리내리면서 많은 지방자치단체들이 지역의 물리적 환경 개선을 위해 많은 자원을 투자하고 있지만, 그 효과가 주민의 행복감 증대로 이어지지 못하는 경우가 많기 때문이다. 한정된 자원을 좀 더 효율적으로 사용하기 위해서는 어떻게 하면 지역의 물리적 투자가 주민의 주관적 행복으로 좀 더 효과적으로 전환될 수 있을지에 대한 고민도 함께 이루어져야 한다. 이를 위해서는 객관적 삶의 질과 주관적 행복의 연결 고리를 살펴야 하는데, Sen의 역량이론에 바탕을 둔 지역역량(regional capability) 개념에서 그 실마리를 찾을 수 있다(Koo & Lee, 2015).

역량이론(capability theory)은 원래 삶의 만족도와 같은 주관 지표에 대한 비판으로부터 시작되었다. 역량 개념을 처음 소개한 Sen은 객관적으로 볼 때는 긍정적으로 평가하기 힘든 환경에 놓여 있는 제3세계의 여성들이 체념적으로 만족스러운 삶을 살아가는 모습을 관찰하고 주관적 행복이 개인의 후생 수준을 나타내는 적절한 지표인지 의문을 제기하였다(Sen, 1980). Sen이 개인의 후생 수준을 평가하기 위한 기준으로 주관지표의 대안으로 제시한 것이 바로 역량(capability)이다. 역량이란 개인이 자신의 가치를 실현하기 위해 자유로운 선택을 할 수 있는 삶을 영위하는지를 의미한다. 따라서 역량은 곧 삶의 가능성과 연결되는데, 이는 두 가지 측면에서 해석될 수 있다. 첫째는 Sen이 원래 제기한 문제의식의 맥락에서 삶에 대한 주관적인 만족이 과연 정당화될 수 있는 만족이냐의 문제이다(Tatarkiewicz, 1976). 자신이 선택할 수 있는 삶의 가능성 자체가 물리적으로 부재함에 따른 체념적으로 만족하는 삶에 대한 비판인데, 이는 주로 제3세계 개발도상국 사회에서 관찰되는 문제로 우리 사회의 맥락과는 다소 거리가 있다. 둘째는 바로 본 연구의 핵심 주제와 연결되는 이슈인데, 개인이 선택할 수 있는 다양한 삶의 가능성이 물리적으로는 존재하지만 이것이 실제로 개인의 선택으로 연결되어 주관적 만족으로 이어지는 치환과정에 문제가 발생하는 것을 의미한다. 이러한 점에서 Veenhoven(2000)은 객관적 삶의 질을 삶의 투입요인으로, 주관적 만족을 삶의 산출요인으로, 그리고 역량을 삶의 전환요인으로 해석하였다. 예를 들어 이동수단으로써 자전거를 가지고 있더라도 문화적인 이유로 인해 여성은 공공장소에서 자전거를 탈 수 없다고 한다면 물리적 조건인 자전거가 자유로운 이동(역량)을 통한 개인의 후생으로 전환되지 못하는데, Veenhoven은 바로 이러한 전환의 문제를 통해 역량을 파악하려고 한 것이다.

한편 Nussbaum(2003)은 Sen이 제시한 이러한 역량 개념을 더욱 발전시켜 인간이라면 기본적으로 누릴 수 있어야 할 10가지 역량, 즉 삶의 가능성의 영역을 제시하였다. 이들은 인간의 기본권에 해당하는 영역으로 개인이 최대한 자유로운 선택을 할 수 있어야 한다는 것이다. 여기에는 생명, 신체건강, 신체무결, 감각/상상/사유, 감정, 실천이성, 관계, 환경통제, 다른 종, 놀이가 포함되는데, 이희철·구교준(2019)은 이를 정책연구에 적용할 수 있도록 건강, 안전, 교육, 관계 및 사회참여, 경제, 환경, 여가의 7개 분야로 재구성하였다. 본 연구의 지역역량 분석은 이희철·구교준(2019)이 재구성하여 제시한 7개 역량 분야를 기초로 이루어졌다.

Koo & Lee(2015)가 제시한 '지역역량'은 역량 개념의 연장선상에서 다음과 같이 해석될 수 있다. 지역의 다양한 물리적 환경은 개인의 주관적 행복에 중요한 영향을 미치는데, 비슷한 수준의 물리적 환경이라도 개인의 주관적 만족 수준에 미치는 영향의 정도는 지역에 따라 다를 수 있다. 예를 들어 지방의 낙후지역의 주민들이 문화적 혜택을 볼 수 있도록 도서관이나 공연장을 만든다 하더라도 실제 주민들이 이를 활용할 수 있는 여건이 갖추어지지 않으면 이러한 물리적 환경은 주관적 삶의 만족이라는 측면에서는 별다른 의미를 가지지 못한다. 만약 새로 생긴 도서관이 접근성이 매우 떨어지는 곳에 위치해 있고, 도로를 새로 놓거나 버스 등 지역 교통망을 새로 정비하는 정책과 동시에 추진되지 않는다면 별 의미 없는 투자가 될 가능성이 높다. 또한 문화센터에서 제공하는 프로그램이 지역 주민들의 교육 수준이나 관심사와 거리가 멀다면 이 또한 큰 성과 없는 투자에 그칠 수 있다. 즉 지역의 객관적 삶의 질을 향상시키기 위한 지방 정부의 투자와 노력은 지역 주민의 주관적 행복과는 독립적이며, 이 둘 간의 갭(gap)을 메워 주는 개념을 지역역량이라고 할 수 있는 것이다.

국내의 기존 연구 중 역량 이론을 바탕으로 지역 분석을 시도한 사례는 거의 전무하다. 역량이론을 활용하여 지역 간 격차를 설명한 연구들은 있었으나(구교준·김성배·윤종현, 2012; 박인권, 2018) 모든 기초자치단체를 대상으로 지역역량을 실측하고자 한 시도는 없었다. 이는 원래 역량이론이 개인 수준의 이론 틀이기 때문인데, 지역의 물리적 환경이 개인 수준의 가치 추구와 자아실현 등 행복에 지대한 영향을 미칠 수 있다는 점을 감안하면 둘 간의 갭은 충분히 메워질 수 있다고 본다.

3. 지역역량의 추정

(1) 변수와 자료

본 연구는 지역의 객관적 삶의 질이 실제로 얼마나 주관적 행복으로 이어지는지 주목하고 둘 간의 차이를 통해 지역역량을 추정한다. 이를 위해 전국의 228개 기초자치단체를 대상으로 객관적 삶의 질을 결정하는 주요 요인을 독립변수로 주관적 행복을 종속변수로 한 다중회귀분석을 시행하고, 회귀모델이 설명하지 못하는 잔차(error term)를 지역역량의 수준을 보여 주는 대리지표로 활용한다. 지역의 객관적 삶의 질은 지역역량 수준에 따라 지역의 평균적 주관적 행복으로 전환되는 정도가 다른데, 이는 지역의 객관적 삶의 질을 고려했을 때 추정되는 주관적 행복과 실제 주관적 행복의 차이로 표현될 수 있다. 이 경우 주관적 행복의 추정값이 실제값보다 높은 지역은 지역역량의 수준이 상대적으로 낮은 것으로 해석할 수 있고, 반대로 주관적 행복의 실제값이 추정값보다 높은 지역은 지역역량의 수준이 상대적으로 높은 것으로 해석할 수 있다. 주관적 행복의 실제값이 추정값보다 높다는 것은 지역의 객관적 환경으로부터 추정되는 수준 이상으로 지역 주민들이 행복하다는 것을 의미하는데, 이는 곧 지역역량 수준이 높아서 객관적 삶의 질이 주관적 행복으로 효과적으로 전환되고 있음을 보여 주는 것이다. 아래에서 지역역량의 추정을 위해 실시한 다중회귀분석 모형에 활용된 변수를 제시한다. 도메인별 지표의 상세 내용과 자료의 해당년도, 출처를 정리하면 〈표 2〉와 같다.

표 2. 변수의 구성 및 출처

도메인	변수	년도	출처
행복 (종속변수)	삶에 대한 주관적 만족도	2017.10–2019.07	카카오 같이가치 안녕지수
건강	천 명당 의료기관 종사 의사 수	2017	통계청
	천 명당 의료기관 병상 수	2017	통계청
	십만 명당 정신건강증진기관 수	2018	보건복지부
안전	천 명당 cctv대수	2019	공공데이터포털
	십만 명당 응급의료기관 및 응급실 수	2018	보건복지부
	교통사고 및 화재 지역안전등급	2018	통계청
환경	도시지역 중 녹지지역 비율	2018	통계청
	미세먼지(PM2.5)	2018	통계청
	1인당 생활폐기물 배출량	2017	통계청
경제	1인당 지역내총생산(GRDP)	2016	통계청
	천 명당 종사자 수	2017	통계청
	종사자 천 명당 영세자영업자 수	2015	통계청
교육	학업성취도(기초학력 미달자 비율)	2016	한국교육과정평가원
	십만 명당 학교 수	2018	행정안전부
	천 명당 사설학원 수	2018	통계청
관계 및 사회참여	십만 명당 자살률	2016	통계청
	1인가구 비율	2018	통계청
	십만 명당 사회적 기업 수	2019	한국사회적기업진흥원
여가	십만 명당 문화기반시설 수	2017	통계청
	십만 명당 도서관 수	2019	공공데이터포털, 작은도서관
	노인 천 명당 노인 여가복지시설 수	2018	통계청

객관적 삶의 질을 보여 주는 일곱 개의 도메인을 대표하는 하위지표들은 가장 최근 자료를 활용하였으며, 데이터가 누락되어 있는 경우에는(기초단체 수준) 해당 값을 추론할 수 있는 최적의 회귀식을 stepwise 분석을 통해 도출하여 채워 넣고 광역단체 수준의 자료를 활용하여 최종 보정하였다. 또한 모든 지표를 표준화 및 정규화하여 지표 간 비교와 연산이 가능하도록 만들었다. 표

준화 및 정규화 과정에서는 먼저 모든 하위지표는 각각의 평균과 표준편차를 적용한 누적정규분포값으로 만들어 0과 1 사이에 위치하도록 하였다. 이때 세부 하위지표 중 일반적으로 주관적 행복에 부정적인 영향을 미칠 것으로 생각되는 지표들은 1에서 뺀 값(1-해당수치)을 이용하여 높은 값이 긍정적인 의미를 담도록 역코딩하였다. 최종 회귀분석에 사용된 독립변수는 이와 같이 도메인별로 표준화된 하위지표를 합산한 후, 이를 다시 최대-최소 정규화 방법(max-min normalization)을 이용해 0과 1 사이에서 상대적 위치를 나타내도록 조작하는 방법으로 도출하였다.

(2) 추정결과

일반적인 학술 연구에서는 회귀모형을 통해 종속변수와 독립변수 간의 관계나 영향력을 판단한다. 본 연구에서도 OLS 회귀분석을 사용하였으나 일반적인 방법과는 조금 결이 다른 접근법을 시도하였다. 특히 본 연구는 추정된 회귀식으로부터 추정된 계수값이나 변수들 간의 관계보다는 추정식의 잔차가 가지는 의미에 초점을 맞추어 분석결과를 해석하였다. 우선 본 연구에서 추정한 모형은 다음과 같다.

$$\begin{aligned} Y = \beta_0 + \beta_1 health + \beta_2 safety + \beta_3 environment \\ + \beta_4 economy + \beta_5 education + \beta_6 relation + \beta_7 leisure + u \end{aligned} \tag{1}$$

식 (1)에서 종속변수 Y는 주관적 행복을, 독립변수들은 7개 도메인의 객관적 삶의 질을 의미한다. 식 (1)의 회귀모형을 추정하여 객관적인 독립변수들이 주관적인 종속변수에 어떠한 영향을 미치는지 파악한다. 이후 통계적으로 도출된 계수를 통해 지역별 객관적 삶의 질 수준을 고려했을 때 예상되는 주관적 행복, 즉 $\hat{Y}$을 추정한다. 즉 이는 '현재 주어진 정도의 객관적 삶의 질(생활 환경) 수준을 갖는 지역이라면 추정값 정도의 주관적 행복이 예상된다'는 의미이다.

본 연구에서는 이렇게 해서 추정된 $\hat{Y}$과 실제 Y의 차이에 주목하는데, 이는 지역별로 객관적 삶의 질이 실제로 얼마나 주관적 행복으로 치환되었는지 보여 주는 중요한 지표라고 할 수 있다. 실제 주관적 행복이 객관 지표를 통해 추정된 주관적 행복보다 낮다면 이는 그 지역의 물리적 환경이 주민들의 행복으로 충분히 전환되지 못하고 있다는 것을 의미하며, 그 차이는 개인적인 이유에서건 지역적인 이유에서건 물리적 환경이 주관적 만족으로 전환되는 과정에서 지역역량의 문제로 인해 일종의 누수가 발생한다는 의미를 내포하고 있다. 물론 추정값과 실제값의 차이는 교과서적으로 해석하면 지역역량을 포함한 실제 주관적 행복의 변량에 영향을 끼칠 수 있는 관찰되지 않은 다양한 요인들의 효과의 총합이라고 할 수 있지만, 지역적 특성의 일부로 해석될 수 있는 지역역량 이외의 요인들은 존재한다 하더라도 지역과 무관하게 랜덤하게 분포한다고 가정한다면 잔차가 가지는 의미를 지역역량으로 해석하더라도 큰 무리가 없다.

〈표 3〉은 변수들의 기술통계와 OLS 추정결과를 보여 준다. 기술통계를 살펴보면 종속변수인 행복의 평균은 10점 척도의 절반을 넘는 5.9점 정도인 것으로 나타났다. 독립변수들의 경우 최소 0에서 3점까지의 척도인 점을 고려할 때 환경, 관계 및 사회참여 도메인의 평균은 그 중간값인 1.5점보다 높고, 나머지 도메인은 낮은 수준인 것으로 나타났다. 다만 주목해야 할 점은 종속변수인 행복의 표준편차가 독립변수들의 표준편차보다 작다는 점이다. 아무래도 행복은 주관적 응답으로 평가한 값이다 보니 응답에서 중위값으로의 쏠림 현상이 다소 있는 것으로 해석된다.

표 3. 변수 기술통계 및 회귀분석 결과

변수	기술통계		계수추정값
	평균	표준편차	
행복	5.9432	0.2009	-
건강	1.3972	0.4711	0.0473* (0.0274)
안전	1.4362	0.4682	−0.0114 (0.0312)
환경	1.5645	0.4810	0.1268*** (0.0291)
경제	1.4324	0.5090	0.0778*** (0.0276)
교육	1.4614	0.3713	0.0646* (0.0353)
관계 및 사회참여	1.5100	0.3921	0.0676** (0.0333)
여가	1.4048	0.6665	0.0431* (0.0222)
R2	-	-	0.1882

※*p〈.05, **p〈.01, ***p〈.001

회귀분석의 경우 〈표 3〉에 나타난 것처럼 안전을 제외한 모든 도메인이 적어도 10% 유의 수준에서 통계적으로 유의미하며, 영향의 방향 또한 행복과 정(+)의 관계에 있는 것으로 나타났다. 안전 도메인의 경우 계수가 음수이지만 이는 통계적으로 유의미하지 않은 수치이므로 해석에 있어 특별한 의미를 부여하지 않는다. 회귀모형의 설명력(R2)은 0.1882로, 객관적 지표들이 주관적 행복의 지역변량 중 약 20%를 설명한다. 본 연구에서는 설명되지 않는 나머지 변량, 즉 모델의 잔차를 지역역량과 밀접하게 연관된 것으로 해석하고 지역별 분포를 분석한다. 앞에서도 언급한 바와 같이 모델의 잔차는 지역역량 이외에 행복에 영향을 끼치지만 관찰되지 않은 요인들의 영향도 함께 포함되어 있을 수 있다. 하지만 본 연구에서는 관찰되지 않은 다른 요인들의 영향은 지역적으로 랜덤하게 분포한다고 가정하고 잔차를 지역역량의 proxy로 해석하여 분석을 진행한다.

4. 지역역량의 분포

그렇다면 지역 수준에서 객관적 삶의 질과 주관적 행복 간의 불일치를 설명하는 지역역량은 지리적으로 어떤 분포를 나타내고 있을까? 앞에서 서술한 바와 같이 행복의 예측값이 실제값보다 작은, 즉 오차항이 음수에 해당하는 지역은 주어진 물리적 환경만큼 주민들이 행복하지 못하므로 지역역량이 상대적으로 취약한 지역이라고 해석할 수 있다. 〈표 4〉는 전국의 228개 기초자치단체 중에서 음수의 오차항을 가지는 지역이 몇 개나 되는지를 광역 단위의 전국 분포로 보여 준다.

표 4. 지역역량이 취약한 기초자치단체 비율

구분	N	역량 < 0	비율(%)	구분	N	역량 < 0	비율(%)
전국	228	116	50.9				
서울	25	6	24.0	경기	31	17	54.8
부산	16	7	43.8	강원	18	5	27.8
대구	8	6	75.0	충북	11	6	54.5
인천	10	8	80.0	충남	15	7	46.7
광주	5	3	60.0	전북	14	4	28.6
대전	5	4	80.0	전남	22	13	59.1
울산	7	5	71.4	경북	23	13	56.5
세종	1	0	0	경남	18	12	66.7
				제주	1	0	0

분석 결과 우리나라의 228개 기초자치단체 중 50.9%에 해당하는 116개 지역은 역량이 0보다 작은 것으로 나타났다. 물론 회귀분석 자체가 조건부 평균값을 기준으로 이루어지기에 해당 비율의 전국 분포가 50% 근방으로 나타나는 것은 어찌 보면 당연한 결과이다. 따라서 이를 지역별로 쪼개서 세부적으로 살펴볼 때 좀 더 유의미한 패턴을 발견할 수 있다. 〈표 4〉에 의하면 서울과 강원, 전북의 지역역량 취약 지역 분포 패턴이 다른 지역들과는 뚜렷하게 구분되는 것을 알 수 있다. 특히 그 차이는 이들 지역과 다른 광역시들과의 비교에서 더욱 뚜렷하게 나타난다. 지역역량이 취약한 기초자체단체의 비율이 이들 세 지역은 20%대로 전국 평균보다 월등히 낮았지만 대구, 인천, 대전, 울산 등 서울 이외의 광역시들은 모두 70% 이상으로 전국 평균보다 훨씬 높았다. 광역시와 광역도를 비교하면, 서울을 제외한 나머지 광역시들은 광역도에 비해 지역역량이 대체로 취약한 것으로 나타난 점이 흥미롭다. 우

리가 흔히 서울과 경기, 인천을 묶어 수도권으로 상정하고 거의 동일한 선상에서 정책적 고려를 하는 경우가 많은데, 적어도 지역역량이라는 측면에서 보면 서울과 다른 두 지역, 혹은 인천과 경기 사이에서도 매우 큰 차이가 존재한다. 이는 같은 수도권임에도 불구하고 인천과 경기 지역은 서울과 비교했을 때 상대적으로 물리적 발전과 개발의 결과가 개인의 행복으로 이어지는 연결고리가 약하다는 점을 시사한다. 이와 같이 서울과 다른 수도권 지역 간에 이러한 차이가 왜 발생하는지의 문제는 적절한 분석과 결과에 대한 해석이 필요한 더 중요한 연구 주제일 수 있다. 하지만 이는 본 연구의 범위를 넘어서므로 차후 연구 과제로 남겨 두려 한다.

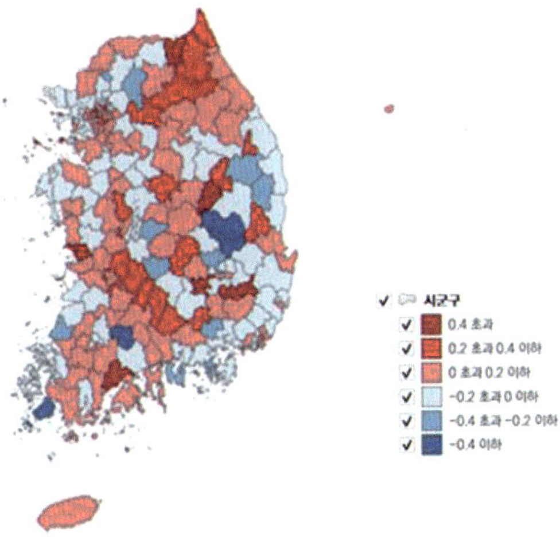

그림 17. 전국 지역역량 분포

한편 지금까지의 논의를 바탕으로 〈그림 17〉에서는 지역역량의 분포를 좀 더 세부적으로 파악하기 위하여 지역별 역량 수준을 전국지도에 옮겨 보았다. 붉게 표시된 지역은 실제 행복 수준이 예상 행복 수준보다 높은 지역을 의미하고, 푸르게 표시된 지역은 반대로 실제 행복 수준이 예상 행복 수준보다 낮은 지역을 의미한다. 전체적으로 우리나라 남부에서는 서쪽에 붉은 지역이 집중되어 있고 중부에서는 동쪽에 붉은 지역이 집중되어 있다. 또한 수도권의 경우 서울 위쪽으로 푸른 지역이 다수 나타난다. 좀 더 구체적으로 붉은 지역은 전남, 전북의 호남권과 강원에 집중되어 있고, 푸른 지역은 경기 북부와 경남, 경북의 영남권에 집중되어 있다. 흥미롭게도 이는 우리가 보편적으로 가지고 있는 생각과는 다소 배치된다. 지역 간 격차를 논할 때 수도권과 비수도권 간의 격차와 함께 영남권과 호남권의 격차도 많이 언급되는데, 지역역량의 관점에서는 수도권 내 격차도 드러나며, 호남권이 오히려 영남권에 비해 지역역량이 더 높은 수준인 것으로 나타나기 때문이다. 이러한 패턴은 종속변수인 주관적 행복만을 봐도 유사하게 관찰되는데, 경기남부권이 경기북부권에 비해, 호남권이 영남권에 비해 대체로 높은 행복 수준을 보여 준다. 경기남부권과 경기북부권의 차이는 개발수준의 차이로 이해될 수 있지만, 호남권과 영남권의 차이는 영남권의 개발 수준이 호남권보다 상대적으로 높다는 점을 감안하면 역시 추가적인 분석과 결과의 해석이 요구된다.

먼저 수도권 내 경기 북부지역의 낮은 지역역량은 상대적으로 인프라의 분포가 낮고 아직 지하철, GTX(수도권광역급행철도) 등이 중·장기적인 계획하에 진행 중이라는 현실을 볼 때 그 의미를 미루어 짐작 가능하다. 2020년 후반에 7호선 연장이 완료될 예정인 양주 옥정신도시(서울과 지리적 접근성이 높음)의 경우 부동산이 활황이라는 시기에도 미분양 사태가 속출할 만큼 평가가치가 낮다. 이 지역에 거주하는 주민의 상당수가 서울에 직장을 가지고 출퇴근한다는 점을 고려하면, 경기 남북의 지역역량 차이의 원인은 북부 지역의 상대적으로 낮은 서울 접근성 문제가 한 축을 차지하고 있다고 볼 수 있다

한편 영호남 간의 지역역량 비교는 〈그림 18〉에서 서울의 25개 자치구에서 관찰되는 패턴과 비교하면 더 뚜렷한 특징을 보여 준다. 〈그림 17〉과 마찬가지로 지역이 붉을수록 실제 행복 수준이 예상 행복 수준보다 더 높음을 의미하고 푸를수록 그 반대의 경우임을 의미한다. 지역역량이 양호한 것으로 판단되는 지역은 대부분 상대적으로 삶의 조건이 우수한 한강 남쪽에 몰려 있음을 볼 수 있다. 한강 남쪽에서는 금천구를 제외하고 모든 구가 실제 행복 수준이 예상 행복 수준보다 높게 나타났다. 그러나 한강 북쪽에서는 종로구, 중구, 중랑구, 강북구, 도봉구의 5개 지역에서 실제 행복 수준이 예상 행복 수준보다 낮은 것으로 나타났다. 특히 서울의 대표적 낙후 지역이라고 할 수 있는 강북구, 도봉구, 금천구가 지역역량의 측면에서도 취약한 것으로 드러난 점은 영남과 호남 간의 비교에서 나타난 패턴과는 뚜렷한 차이가 있다

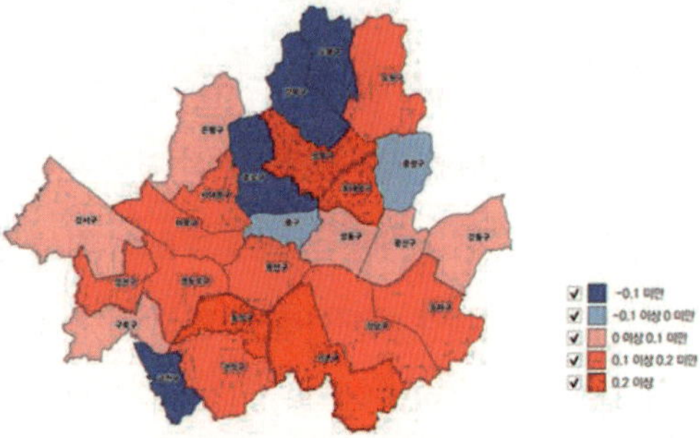

그림 18. 서울시 자치구별 지역역량 분포

영남의 경우 호남에 비해 각종 인프라 대비 인구밀집도가 상대적으로 높아 발생되는 생활상의 어려움이 지역역량에 반영된 것이라는 추측을 해 볼 수 있겠으나, 인구밀집도가 높은 수도권과 서울에서 낙후지역의 경우에 지역역량이 더 낮았다는 점에서 이러한 추측은 설명력이 떨어진다고 할 수 있다. Sen(1980)이 제시한 후진국 여성들이 갖는 '체념적 만족'의 확장판으로 해석하기에도 우리나라의 객관적 여건 및 상황을 볼 때 무리가 있다. 지역이 가지는 삶의 인프라 차이가 지역 역량의 차이와 중첩되어 나타나는 서울시의 패턴과는 확연히 다르게 나타나는 영호남 간의 지역역량 차이는 그 원인에 대한 추가적인 심층 분석이 필요하다. 이는 특히 앞으로의 지역 정책에 중요한 함의를 제공할 수 있다.

호남 지역에 비해 영남 지역에 상대적으로 많은 물리적 투자가 이루어졌음에도 불구하고 영남 지역의 행복 수준이 지역의 물리적 수준에 비해 낮다는 점은 투자의 효율성이 많이 떨어진다는 점을 의미한다. 이는 다양한 측면에서 해석될 수 있지만 그 원인을 정책 측면에 국한시켜 본다면 정책의 파편화(fragmentation) 현상에서 힌트를 얻을 수 있다. 예를 들어 지역의 문화에 대한 투자 효과를 기대하기 위해선 각종 공연이나 전시회를 직접 가서 보고 감상할 수 있는 기회로 연결될 수 있어야 한다. 만약 어느 지역에서 문화활동에 대한 집중적인 투자가 이루어지고 있지만 교통 인프라의 부족으로 문화시설에 대한 접근성이 떨어진다거나 돌봄 인프라의 부족으로 대부분의 젊은 가족이 아이돌봄 활동에 매여 있어야 한다면 지역의 문화활동에 대한 투자는 지역민의 삶의 질 향상으로 이어지기 힘들다. 따라서 문화정책, 교통정책, 돌봄정책과 같이 겉으로 보기엔 전혀 관련이 없어 보이는 정책들도 역량의 제고라는 측면에서 적절한 조율이 이루어져야 투자 대비 삶의 질 제고 효과를 극대화할 수 있다. 영호남 간의 지역역량 차이를 정책의 파편화라는 측면에서 해석이 가능한지 여부를 판단하기 위해서는 후속 연구를 통해 두 지역에 대한 좀 더 자세하고 심층적인 질적 분석이 요구된다.

특정 지역에서 객관적 환경을 고려한 예상 행복 수준 대비 실제 행복 수준이 낮다는 것은 어떤 이유에서건 그 지역의 주민들이 객관적 환경을 충분히 활용하여 주관적 만족감으로 전환시키는 과정에 문제가 발생하고 있다는 것을 의미한다. 본 연구는 이를 지역의 역량으로 해석하였고, 이러한 문제를 해소하지 않은 상태에서 물리적 자원의 투입이 계속된다면 이는 상당히 비효율적인 자원 활용이 될 가능성이 높다. 따라서 이러한 문제가 있는 것으로 파악된 지역에선 그 원인을 찾아서 자원 투입과 동시에 취약한 지역역량 문제를 해소하기 위한 정책적 노력이 동시에 병행되어야 한다. 기반시설에 대한 접근성의 문제로 물리적 자원 투입의 전환이 제대로 일어나지 않는 것이라면 접근성 향상을 위한 교통 관련 정책이 함께 고려되어야 한다는 것이다. 이제 지방정부는 단순히 여러 가지 정책을 입안하고 집행하는 수준을 넘어 정책 간 조율을 통해 정책의 파편화를 최소화하고 삶의 질 제고 효과를 극대화할 수 있는 추가적인 노력을 기울여야 한다.

한편 우리나라 시군구의 지역역량을 공간통계를 활용하여 분석한 결과는 〈그림 19〉 및 〈그림 20〉과 같다. 지역역량의 Moran's I 값은 0.121로 양의 공간상관성이 있으나 공간상관성의 정도가 강하지는 않은 것으로 나타났다. 애초에 지역역량이라는 지표가 평균을 바탕으로 만들어진 '잔차'를 활용한 개념이기에 그 변량이 클 것이라 기대하기는 어려울 것으로 예상하였으나 양의 상관관계를 가진다는 점에서 역량이 높은 지역과 낮은 지역이 서로 군집해 있는 경향이 크다는 사실을 파악할 수 있다. 〈그림 20〉을 통해 보면 위의 〈그림 18〉에서도 설명했듯이 서울 내에서도 한강 이남 지역에 지역역량이 높은 'hot spot'이 형성되어 있음을 알 수 있다. 반대로 영남 내륙 지방 일부에는 지역역량이 낮은 지역이 군집한 'cold spot' 또한 나타난다.

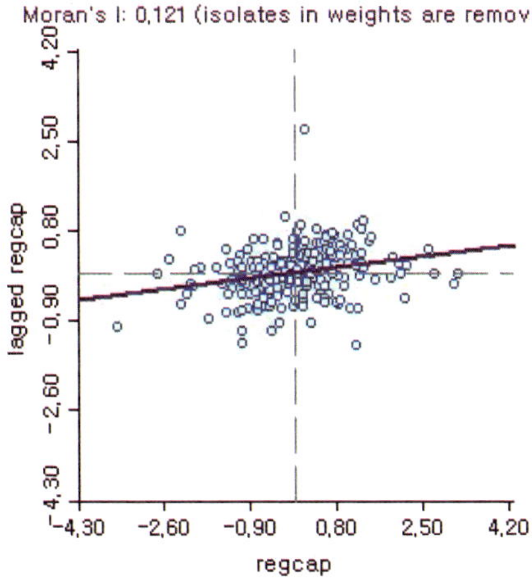

그림 19. 우리나라 지역역량의 Moran's I 분석 결과

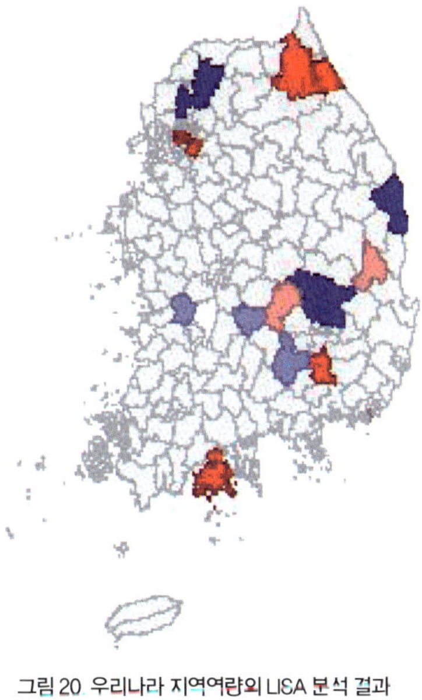

그림 20. 우리나라 지역역량의 LISA 분석 결과

5. 결론 및 함의

본 연구는 객관적 삶의 질과 주관적 행복 간의 격차가 발생하는 현상에 주목하고 지역의 객관적·물리적 환경을 주민의 만족으로 치환하는 과정을 지역역량으로 정의하였다. 지역역량에 따라 비슷한 수준의 물리적 환경 하에서도 주민들의 만족 수준이 달라질 수 있으므로 지역역량 개념은 지역 정책 분야의 연구자들에게나 지방정부의 정책 담당자들에게 매우 중요한 함의를 제공해 준다.

지역역량의 측정은 객관적 삶의 질과 주관적 행복 간의 회귀식을 통해 이루어졌는데, 객관적 삶의 질을 통해 설명되는 주관적 행복의 변이 이외의 부분, 즉 잔차항에 주목하였다. 주관적 행복의 예측 값이 실제 주민들의 주관적 행복수준보다 높을 경우엔 지역의 객관적 물리적 환경이 주민들의 삶의 만족으로 효과적으로 치환되고 있음을 의미하고, 그 반대의 경우엔 그렇지 못함을 의미한다고 할 수 있다. 즉 전자는 지역역량의 수준이 높음을 뜻하고 후자는 지역역량의 수준이 낮음을 뜻한다.

〈그림 17〉과 〈그림 18〉은 지역역량이 지리적으로 어떤 분포를 하고 있는지 보여 준다. 전국 분포와 경기도 및 서울시의 분포에서 다소 차이를 보이는데, 전국적으로는 객관적인 여건이 좀 더 좋다고 평가되는 영남권의 지역역량이 호남권보다 취약한 것으로 나타났다. 하지만 서울 및 경기도를 떼어서 보면 객관적 여건이 더 좋은 강남권의 지역역량이 강북권의 지역역량보다 더 높은 것으

로 나타났다.

어느 지역의 취약한 역량 수준의 원인을 구체적으로 분석하는 것은 본 연구의 범위를 벗어나지만, 이에 대한 분석은 정책적으로 중요한 함의를 가진다. 아무리 지역의 물리적 환경을 개선하기 위해 자원을 투자한다고 해도 그것이 주민의 주관적 만족으로 연결되지 않으면 결국 비효율적인 투자에 지나지 않기 때문이다. 물리적 투자를 주관적 만족으로 효과적으로 전환시키는 요소를 찾아서 물리적 투자와 함께 고려하여야 최적의 공공투자 포트폴리오를 찾을 수 있을 것이다. 이러한 측면에서 왜 어떤 지역은 객관적 삶의 질에 부합하거나 그 이상의 주관적 행복 수준을 보이는데 왜 어떤 지역은 주민들의 행복 수준이 객관적 물리적 수준에 훨씬 미치지 못하는지에 대한 심층 분석은 보다 효율적이고 효과적인 공공자원의 배분을 위해 매우 중요한 향후 연구 과제가 될 것이다.

참고 문헌

● 해외 문헌

Andrew, Cliff & John Keith Ord. 1973. "Spatial Autocorrelation." Pion, London.

Anselin, L. 1995. "Local indicators of spatial association—LISA". *Geographical analysis* 27(2), 93-115.

Hugentobler M. 2008. Quantum GIS. In: Shekhar S., Xiong H. (eds) *Encyclopedia of GIS*. Springer, Boston, MA.

Koo, Jun & Heechul Lee. 2015. "Regional capability and regional disparity: A conceptual framework and applications within Korea." *International Review of Public Administration* 20, 121-135.

Moran, Patrick AP. 2015. "The interpretation of statistical maps." *Journal of the Royal Statistical Society: Series B* (Methodological), 10.2, 243-251.

Nussbaum, Martha. 2003. "Capabilities as fundamental entitlements: Sen and social justice." *Feminist Economics* 9, 33-59.

Sen, Amartya. 1980. "Equality of what." In S. McMurrin (Ed.), *The Tanner Lectures of Human Values* (pp. 257-280). Salt Lake City: Univ of Utah Press.

Tatarkiewicz, W. 1976. Analysis of Happiness. Warsaw: Polish Scientific Publisher.

Veenhoven, Ruut. 2000. "The four qualities of life: Ordering concepts and measures of the good life." *Journal of Happiness Studies* 1, 1-39.

● 국내 문헌

김남신·임치홍·이승은·황소영·고석열·이재호·차진열·조용찬. 2018. 《오픈소스 QGIS 활용 가이드북》. 한울아카데미.

구교준·이희철·김지원·박차늠. 2020. 〈주관적 행복과 객관적 삶의 질 차이의 지역분포 분석—지역역량의 관점에서〉. 《정부학연구》 26권 1호. 161-182쪽.

구교준·김성배·윤종현. 2012. 〈용인 가능한 지역 간 격차와 지역정책〉. 《한국행정학보》 46(3). 173-192쪽.

박인권. 2018. 〈사회적 약자의 삶과 지역균형발전—역량의 지역격차 분석〉. 《공간과 사회》 64. 71-114쪽.

오규식·정승현. 2013. 《GIS와 도시분석》. 한울아카데미.

유송희. 2019. 〈공간분석을 활용한 지방재정의 정부 간 이웃효과 포착 및 분석〉. 박사학위논문. 고려대학교 대학원.

이희연·심재헌. 2011. 《GIS 지리정보학—이론과 실습》(2nd ed). 법문사.

이희철·구교준. 2019. 〈역량 중심의 국민행복지수—OECD 국가를 중심으로〉. 《정책분석평가학회보》 29(3). 115-140쪽.

● 웹사이트

Global Spatial Autocorrelation (1). (January 28, 2021).

(Retrieved from https://geodacenter.github.io/workbook/5a_global_auto/lab5a.html#ref-Moran:48)

An overview of GIS history. (March 3, 2020).

(Retrieved from https://www.geospatialworld.net/blogs/overview-of-gis-history)

What is GIS? (March 3, 2020).

(Retrieved from https://www.esri.com/en-us/what-is-gis/overview)

History of GIS. (March 03, 2020).

(Retrieved from https://www.esri.com/en-us/what-is-gis/history-of-gis)

QGIS User Guide. (March 04, 2021).

(Retrieved from https://docs.qgis.org/3.16/en/docs/user_manual/index.html)

GIS Introduction. (October 14, 2019).

(Retrieved from http://planet.botany.uwc.ac.za/nisl/GIS/GIS_primer/index.htm)

Shawana Jalil Khan. (2015) The Functionality of GIS. MSC Agricultural chemistry, (online), https://www.slideshare.net/ShawanaKhan1/functions-of-gis

ESRI. (2018). The ArcGIS Book. (https://downloads.esri.com/LearnArcGIS/pdf/instructional-guide-for-the-arcgis-book-2e.pdf)

| 집필진 소개 |

윤동근

코넬 대학교(Cornell University)에서 도시 및 지역계획학 박사학위를 취득하고 현재 연세대학교 도시공학과 교수로 재직 중이다. 주요 관심 분야는 GIS와 도시공간분석, 환경계획, 재난 계획 및 정책 등이다.

구교준

노스캐롤라이나 대학교 채플힐(Univ. of North Carolina at Chapel Hill)에서 도시계획학 박사학위를 취득하고 현재 고려대학교 행정학과 교수로 재직 중이다. 주요 관심 분야는 삶의 질과 행복, 지역혁신, 창업 등이다.

추미진

연세대학교 도시공학과 박사과정을 수료하였으며, 도시환경 및 재난학/환경공간정보-GIS 연구실에서 연구 활동을 하고 있다. 주요 관심 분야는 도시공간분석, 커뮤니티 재난 취약성 분석, 도시사회학 등이다.

안승연

펜실베이니아 대학교(University of Pennsylvania)에서 도시계획 석사학위를 취득하고 현재 비영리 지역 사회 개발 금융 기관인 'Local Initiatives Support Corporation'에서 펀드 디자인 애널리스트로 '어포더블 하우징(affordable housing)' 개발을 돕고 있다. 주요 관심 분야는 민관 협력을 통한 지속 가능한 인프라 구축 등이다.

이희철

고려대학교에서 행정학 박사학위를 취득하고 현재 동양대학교 북서울(동두천)캠퍼스 공공인재학부 조교수로 재직 중이며, 주요 관심 분야는 지방자치, 지역격차, 네트워크 분석, 행복 등이다.

김지원

고려대학교 일반대학원 행정학과에서 석사학위를 취득하고 동 대학원 행정학과 박사과정을 수료하였다. 주요 관심 분야는 행복, 불평등, 복지정책, 자동화 등이다.

박차늠

고려대학교 일반대학원 행정학과에서 석사과정을 수료하고 조지아 공과대학 도시계획과 박사과정에 재학 중이다. 주요 관심 분야는 행복, 혁신, 도시정책 등이다.

고려대학교 정부학연구소 방법론 프론티어시리즈 03

QGIS를 활용한 공간분석 입문

초판 발행 2023년 6월 30일
초판 2쇄 2024년 6월 25일

지은이 윤동근·구교준·추미진·안승연
이희철·김지원·박차늠
펴낸곳 고려대학교출판문화원
www.kupress.com
kupress@korea.ac.kr
(02841) 서울특별시 성북구 안암로 145
Tel 02-3290-4230, 4232
Fax 02-923-6311
찍은곳 (주) 동화인쇄

ISBN 979-11-6956-035-1 94300
978-89-7641-850-0 (세트)

값 14,000원
※ 잘못 만들어진 책은 바꿔 드립니다.